KB091684

미국 영어 발음 단기 완성 프로젝트

지은이 오경은
펴낸이 정규도
펴낸곳 (주)다락원

초판 1쇄 발행 2023년 2월 10일

총괄책임 허윤영
책임편집 권민정
디자인 하태호
전산편집 김예지
이미지 shutterstock

다락원 경기도 파주시 문발로 211
내용문의: (02)736-2031 내선 521
구입문의: (02)736-2031 내선 250~252
Fax: (02)732-2037
출판등록 1977년 9월 16일 제406-2008-000007호

값 16,000원
ISBN 978-89-277-0170-5 13740

www.darakwon.co.kr
다락원 홈페이지를 방문하시면 여러 도서의 상세한 출판 정보와 함께 동영상 강좌, MP3 자료 등 다양한 어학 정보를 얻으실 수 있습니다.

★★★ 한 권으로 끝내는 기본 원리+실전 훈련 ★★★

미국 영어

발음 ★

오경은 지음

단기 완성 프로젝트

DARAKWON

영어 리스닝 & 스피킹 공부,
왜 발음부터 시작해야 하나요?

영어 단어도 많이 알고 독해 시험을 보면 점수도 잘 나오지만, 여전히 영어 리스닝과 스피킹은 어렵다는 독자의 말을 자주 듣곤 합니다. 그 이유 중 하나는 잘못된 발음 습관에 있습니다. 아는 단어나 문법 지식이 많아도 일단 정확히 들리고 제대로 전달할 수 있어야 들은 것을 올바로 이해하고 적절하게 소통할 수 있습니다. 그러나 외국어를 배우는 입장에서 우리가 영어 발음을 처음부터 정확히 알고 이해하기란 매우 어려운 것이 사실입니다.

그래서 이 책은 영어와 우리말의 차이점을 파악하는 데서 시작하여, 영어 고유의 발음 체계를 정확하게 이해하고 습득할 수 있도록 설계했습니다. 우리말식 발음 습관을 고치고 영어의 소리를 단기간에 익히는 데 집중하게 구성했을 뿐 아니라, 실용적인 활용 연습을 통해 영어 말하기에도 자신감을 심어 주는 데 역점을 두었습니다.

먼저, 영어 소리를 내는 방법을 이해하는 것부터 시작하세요. 다음으로, 한국어 발음과 비교해 보세요. 영어와 우리말 발음이 어떻게 다른지, 정확한 영어 소리를 구사하는 데 필요한 설명을 참고하세요. 그리고 나서 원어민이 발음하는 단어를 따라 말해 보는 것은 영어 발음 습득에 필수입니다. 발음 요령을 머릿속에 떠올리며 하나하나 따라 말하다 보면, 우리말식으로 잘못 입력되었던 영어 발음은 사라지고 정확한 발음을 구사하고 있는 자신을 발견하게 될 것입니다. 마지막으로, 배운 발음을 문장 안에서 정확하게 구사할 수 있는지 확인하세요.

그리고 Check-Up과 Exercise 코너에서는 일상생활에서 유용하게 쓸 수 있는 영어 문장과 한국어 번역을 함께 실었습니다. 한국어 번역은 구어체 느낌을 그대로 살려 우리말로 자연스럽게 표현하고자 했습니다. 두 언어의 뉘앙스 차이를 한눈에 비교하며 영어 문장을 말해 보세요. 그때 머릿속에서 상황을 그려 보며 말하는 것이 중요합니다. 이런 연습을 거쳐 여러분의 스피킹 실력도 크게 향상되리라 믿습니다.

여러분과 마찬가지로 저도 한국에서 태어나서 한국에서 영어를 학습한 한국인이기 때문에 제 영어가 완벽하지 않다는 것을 말씀드리고 싶습니다. 하지만 만약 미국인들에게 그들의 영어에 대해 묻는다면, 그들 또한 그들의 영어가 완벽하지 않다고 말할 것입니다. 우리 모두는 끊임없이 배우고, 더 나아지기 위해 실력을 갈고 닦는 여정 속에 산다고 하겠습니다. 영어 공부는 그 여정 속의 일부이니 즐기도록 하세요! 이 책이 여러분의 영어 학습에 많은 도움이 되기를 바랍니다.

저자 **오경은**

PART 1&2

영어 발음 기본 원리 -
자음/모음

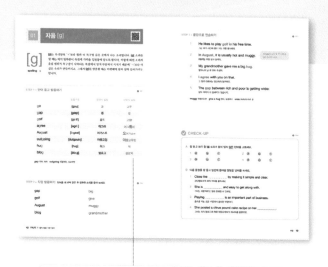

우리말식 발음과 미국식 발음의 차이를 한눈에 확인할 수 있
도록 한글로 발음을 표기했습니다. 미국인들이 실제로 말하
는 발음과 최대한 가깝게 표기했지만, 영어 발음을 한글로
완벽하게 표기하기는 어렵다는 점을 미리 안내해 드립니다.

발음 설명
영어의 정확한 발음 방법을 우리말과 비교하여
알려 줍니다. 꼼꼼히 읽으면서 정확한 발음법을
머릿속에 익혀 보세요.

STEP 1 • 단어 듣고 발음하기
앞에서 익힌 발음을 단어로 연습해 봅니다. 원어
민 녹음을 듣고 정확한 발음을 따라해 보세요. 굵
고 큰 글자로 강세 표시가 된 미국식 발음 표기를
보고 읽으면 발음 연습에 도움이 될 거예요.

STEP 2 • 직접 발음하기
주어진 단어를 세 번씩 소리 내어 읽으며 발음을
제대로 익혔는지 확인해 봅니다. STEP 1에서 익

힌 단어뿐만 아니라 새로운 단어도 나옵니다. 원
어민 녹음을 듣고 정확한 소리를 알아 두세요.

STEP 3 • 문장으로 연습하기
STEP 1에서 배운 단어가 들어간 문장을 훈련합
니다. 원어민 녹음을 듣고 리듬/강세에도 신경 써
서 문장을 따라 읽어 보세요. 기타 주의해야 할
발음 설명은 말풍선 안에 넣었습니다.

CHECK-UP
해당 유닛에서 배운 내용을 문제를 통해 점검해 봅
니다. 단어를 듣고 소리 구별하는 문제, 문장을 듣
고 빈칸 채우는 문제 등으로 구성되어 있습니다.

PART 3

영어 발음 실전 훈련 -
연음, 탈락, 동화, 복자음, 축약, 강세, 리듬

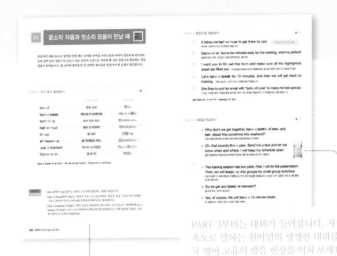

각 발음 현상별로 알아 두면
더욱 좋은 발음 정보와 청취
요령을 담았습니다.

PART 3부터는 대화가 들어갑니다. 자연스러운
속도로 말하는 원어민의 생생한 대화를 통해 미
국 영어 고유의 발음 현상을 익혀 보세요.

EXERCISE
학습한 내용을 토대로 본격적으로 훈련하여 실
력을 다질 수 있는 연습문제들로 구성했습니다.
단어 → 구 → 문장 → 짧은 지문 → 대화까지
단계적으로 연습해 볼 수 있습니다.

다락원에서 준비한 자료를 다운로드받으세요!   www.darakwon.co.kr

MP3 파일   스마트폰으로 책 속의 QR코드를 찍으면 원어민 녹음을 바로 들을 수 있습니다.
          다락원 홈페이지에서도 MP3 파일을 무료로 다운로드받을 수 있어요.
워크시트   각 파트별로 종합 테스트 문제를 제공합니다. 더 많은 문제를 풀어서 실력을 다지세요.
PLUS+ 설명 노트   추가 발음팁과 표현 정리가 담겨 있습니다. 읽어 보면 유용한 정보가 가득 들어 있어요.

3
PART
★
영어 발음 실전 훈련

PART

1

영어 발음 기본 원리

자음

이제부터 영어 자음을 하나씩 살펴보면서 우리말 소리와의 유사점과 차이점을 짚어 보고 정확한 소리를 낼 수 있도록 연습해 보겠습니다. 많은 한국 학습자가 영어를 비슷한 우리말 소리로 대체하여 발음하는 경향이 있습니다. 이는 영어를 말하고 듣는 데 있어서 큰 장애물이 됩니다. 원어민들은 우리말식으로 잘못 발음하는 영어를 알아듣지 못합니다. 그들과 소통이 제대로 이루어지려면 영어 자음 고유의 정확한 발음을 익히는 것이 중요합니다.

특히, 우리에게는 낯선 [f], [r], [z], [ʃ], [ð], [θ]와 같은 음들을 정확히 발음할 수 있도록 노력해야 합니다. 또한 우리말 소리와 비슷한 자음 가운데 무성음으로 발음해야 하는 것들을 익혀둘 필요가 있습니다. 예를 들어 [s], [t], [p], [k]와 같은 무성음은 성대를 울리지 않고 내는 소리임에도 불구하고, 많은 한국인이 성대를 울려 유성음으로 잘못 발음하고 있습니다. 이렇게 되면 영어 발음의 느낌이 크게 달라져서 정확한 의미도 전달할 수 없게 되죠. 이러한 점들에 유의하여 영어 자음의 정확한 발음을 지금부터 머릿속에 재입력하세요.

[g]

spelling **g**

[g]는 우리말의 'ㄱ'보다 훨씬 더 목구멍 깊은 곳에서 나는 소리입니다. [g] 소리를 낼 때는 혀의 뒷부분이 목젖에 가까운 입천장에 닿도록 합니다. 이렇게 하면 소리의 울림 범위가 목구멍이 시작되는 목젖에서 명치 부분까지 커지기 때문에 'ㄱ'보다 더 깊은 소리가 만들어지죠. 그래서 [g]를 발음할 때는 아랫배에 힘이 살짝 들어가기도 합니다.

STEP 1 • 단어 듣고 발음하기　　　　　　　　　　　　　　　　　　　　　● 001

	발음기호	한국식 발음	미국식 발음
go	[gou]	고	고우
gap	[gæp]	갭	갭
golf	[gɔːlf]	골프	고얼f
agree	[əgríː]	어그리	어그**뤼**이
August	[ɔ́ːgəst]	어거스트	**오**어거스ㅌ
outgoing	[áutgouiŋ]	아웃고잉	**아**웉고우잉
hug	[hʌg]	허그	헉
blog	[blɔːg]	블로그	블로억

gap 격차, 차이　outgoing 외향적인, 사교적인

STEP 2 • 직접 발음하기 단어를 세 번씩 읽은 후 정확한 소리를 들어 보세요.　　　● 002

gap	☐ ☐ ☐		big	☐ ☐ ☐	
golf	☐ ☐ ☐		give	☐ ☐ ☐	
August	☐ ☐ ☐		muggy	☐ ☐ ☐	
blog	☐ ☐ ☐		grandmother	☐ ☐ ☐	

1 He likes to play **golf** in his free time.
그는 여가 시간에 골프 치는 것을 좋아해요.

2 In **August**, it is usually hot and muggy.
8월에는 보통 덥고 습해요.

> muggy는 g가 두 번 나와도 [g] 소리가 나요.

3 My grandmother gave me a big **hug**.
할머니가 날 꼭 안아 주셨어.

4 I **agree** with you on that.
그 점에 대해서는 당신에게 동의해요.

5 The **gap** between rich and poor is getting wider.
빈부 격차가 더 심해지고 있습니다.

muggy 후덥지근한   give a hug 안다, 포옹하다   wide (차이가) 아주 큰

✅ CHECK-UP

A 잘 듣고 보기 중 [g] 소리가 들어 있지 <u>않은</u> 단어를 고르세요.

1 ⓐ   ⓑ   ⓒ   2 ⓐ   ⓑ   ⓒ

3 ⓐ   ⓑ   ⓒ   4 ⓐ   ⓑ   ⓒ

B 다음 문장을 잘 듣고 빈칸에 들어갈 알맞은 단어를 쓰세요.

1 Close the _____ by making it simple and clear.
간단명료하게 하여 격차를 줄이세요.

2 She is _____ and easy to get along with.
그녀는 외향적이고 쉽게 친해질 수 있어요.

3 Playing _____ is an important part of business.
골프를 치는 것은 사업에서 중요한 부분이다.

4 She posted a citrus pound cake recipe on her _____.
그녀는 자기 블로그에 레몬 파운드케이크 레시피를 올렸어요.

[h]는 아랫배에 힘이 들어간 상태에서 공기를 세게 내뿜으면서 발음합니다. 이때 목
청에서 공기가 마찰되면서 음이 만들어지죠. 우리말의 'ㅎ'와 비슷하지만 발음할 때
좀 더 힘이 들어갑니다. 영어의 거의 모든 자음은 발음할 때 우리말보다 힘을 더 줘
서 뱃속 깊은 곳에서 공기를 내뱉는 경향이 있습니다.

spelling **h**

STEP 1 • 단어 듣고 발음하기 ● 005

	발음기호	한국식 발음	미국식 발음
hat	[hæt]	햇	햍
help	[help]	헬프	헬ㅍ
handle	[hǽndl]	핸들	**핸**들
handsome	[hǽnsəm]	핸섬	**핸**썸
behind	[biháind]	비하인드	비**하**인ㄷ
carbohydrate	[kà:rbouháidreit]	카보하이드레잇	카아r보우**하**이드뤠잍
perhaps	[pərhǽps]	퍼햅스	퍼r**햅**ㅆ
stockholder	[stákhòuldər]	스톡홀더	ㅅ**딱**호울더r

handle 다루다, 처리하다 handsome (양적으로) 많은, 큰 carbohydrate 탄수화물 stockholder 주주

STEP 2 • 직접 발음하기 단어를 세 번씩 읽은 후 정확한 소리를 들어 보세요. ● 006

handsome ☐ ☐ ☐		heat ☐ ☐ ☐
handle ☐ ☐ ☐		heaven ☐ ☐ ☐
behind ☐ ☐ ☐		hot ☐ ☐ ☐
perhaps ☐ ☐ ☐		hit ☐ ☐ ☐

1 　Wearing a **hat** blocks the sun and the heat.
　　모자를 쓰면 햇빛과 열이 차단됩니다.

2 　The note says, "**Handle** with care."
　　메모에 '취급 주의'라고 적혀 있거든요.

3 　The train arrived 20 minutes **behind** schedule.
　　그 기차는 예정보다 20분 늦게 도착했어요.

4 　Heaven **helps** those who **help** themselves.
　　하늘은 스스로 돕는 자를 돕는다.

　　who의 wh도 [h] 소리가 나요.

5 　He got a job for a **handsome** salary.
　　그는 월급을 많이 받는 일자리를 구했어요.

　　handsome의 [d]는 묵음으로 소리가 나지 않아요.

block 막다, 차단하다　**handle with care** (포장 따위에서) 취급 주의　**behind schedule** 예정보다 늦게

✔ CHECK-UP　　　　　　　　　　　　　　　　　　　　　　　○ 008

A　잘 듣고 보기 중 제시된 단어를 올바르게 발음한 것을 고르세요.

1 　heat　　　　ⓐ　　　ⓑ　　　2 　behind　　　ⓐ　　　ⓑ

3 　handle　　　ⓐ　　　ⓑ　　　4 　perhaps　　　ⓐ　　　ⓑ

B　다음 문장을 잘 듣고 빈칸에 들어갈 알맞은 단어를 쓰세요.

1 　If you need _____, just call me.
　　도움이 필요하면 저를 부르세요.

2 　He is the biggest _____ of this company.
　　그는 이 회사의 최대 주주입니다.

3 　Limit _____ such as rice and bread.
　　쌀과 빵 같은 탄수화물 섭취를 제한하세요.

4 　Perhaps he will get a job offer with a _____ paycheck for his skill set.
　　그는 아마 그가 가진 여러 기술로 상당한 보수의 일자리를 제안받을 것입니다.

자음 [k]

spelling
c, k, ck, ch

[k]는 혀뿌리를 목구멍 가까운 곳의 입천장에 대고 공기를 살짝 막았다가 터뜨리면서 내는 소리입니다. 우리말 'ㅋ' 소리는 입 앞쪽에서 만들어지지만, 영어의 [k] 소리는 목구멍 가까운 곳에서 만들어진다는 차이가 있어요. 소리 낼 때 혀의 위치와 입 모양은 [g]와 같지만, [g]는 성대를 울리는 '유성음'이고 [k]는 성대에 울림이 없이 공기만 내뿜는 '무성음'입니다.

STEP 1 • 단어 듣고 발음하기　　　　　　　　　　　　　　　　　　　　　　　▶ 009

	발음기호	한국식 발음	미국식 발음
color	[kʌ́lər]	컬러	**컬**러r
credit	[krédit]	크레디트	**ㅋ 뤠**딭
cake	[keik]	케이크	**케**잌
kit	[kit]	키트	킽
kind	[kaind]	카인드	카인ㄷ
package	[pǽkidʒ]	패키지	**패**킫쥬
work	[wə:rk]	워크	워어r ㅋ
chemical	[kémikəl]	케미컬	**케**미컬

credit 신용 거래　kit (특정한 목적을 위한 도구) 세트　package 소포, 포장물　chemical 화학 물질

STEP 2 • 직접 발음하기　단어를 세 번씩 읽은 후 정확한 소리를 들어 보세요.　　　　　　▶ 010

color	☐☐☐	card	☐☐☐
work	☐☐☐	backpack	☐☐☐
credit	☐☐☐	cooking	☐☐☐
package	☐☐☐	check	☐☐☐

1 **The showerhead is included in the shower stall kit.**
샤워기 헤드는 샤워부스 세트에 포함됩니다.

2 **I put everything I need at work in this backpack.**
저는 직장에서 필요한 모든 것을 이 백팩 안에 넣고 다닙니다.

3 **This package was found in the parking lot.**
이 소포는 주차장에서 발견되었어요.

4 **That bottle contains some deadly chemicals.**
그 병에는 치명적인 화학약품이 담겨 있어요.

5 **Cooking is not my kind of thing.**
요리는 제 취향이 아니에요.

showerhead 샤워기 헤드   shower stall 샤워부스   parking lot 주차장   deadly 치명적인

✅ CHECK-UP ▶ 012

A 잘 듣고 보기 중 [k] 소리가 들어 있지 <u>않은</u> 단어를 고르세요.

1 ⓐ ⓑ ⓒ   2 ⓐ ⓑ ⓒ

3 ⓐ ⓑ ⓒ   4 ⓐ ⓑ ⓒ

B 다음 문장을 잘 듣고 빈칸에 들어갈 알맞은 단어를 쓰세요.

1 You are so _____ to do all that.
그 모든 걸 해 주시다니 친절하시네요.

2 How do I get free sample _____?
무료 샘플 키트를 받으려면 어떻게 해야 하나요?

3 Insert your _____ card and select the hour, and you will get a parking

pass. 신용카드를 넣고 시간을 선택하면 주차권이 나옵니다.

4 I will check on it on Monday. Does that _____ for you?
월요일에 확인해 보겠습니다. 괜찮으신가요?

04

자음 [m]

spelling m

[m]는 양 입술을 다물면서 입안으로 살짝 말아 넣었다가 힘을 풀면서 소리를 냅니다. 이때 코로 공기를 내뿜으면서 성대를 울려 발음하는데요, 그래서 [(어)음ㅁ]와 같이 들리지요. [m]와 더불어 [n], [ŋ] 소리 또한 콧등에 울림이 있는 소리라 해서 '비음 (nasal sound)'으로 분류합니다. [m] 소리가 단어 끝에 올 때는 우리말의 받침소리처럼 발음하면 됩니다.

STEP 1 • 단어 듣고 발음하기

▶ 013

	발음기호	한국식 발음	미국식 발음
meet	[miːt]	밋	미잍
minor	[máinər]	마이너	**마**이너r
messaging	[mésidʒiŋ]	메세징	**메**씯쥥
comfortable	[kʌ́mfərtəbl]	컴포터블	**컴**(f)퍼r터블
diamond	[dáiəmənd]	다이아몬드	**다**이먼ㄷ
woman	[wúmən]	우먼	**우**먼
system	[sístəm]	시스템	**씨**스텀
problem	[prάːbləm]	프라블럼	**ㅍ롸**아블럼

minor 미성년자 messaging 메시지 전달 장치

STEP 2 • 직접 발음하기 단어를 세 번씩 읽은 후 정확한 소리를 들어 보세요.

▶ 014

meet	☐ ☐ ☐	smoke	☐ ☐ ☐
messaging	☐ ☐ ☐	bathroom	☐ ☐ ☐
comfortable	☐ ☐ ☐	many	☐ ☐ ☐
problem	☐ ☐ ☐	midnight	☐ ☐ ☐

1 This chair is so **comfortable** to sit on.
이 의자는 앉기 정말 편하네요.

2 We should back up the **messaging system** every day.
메시징 시스템을 매일 백업해야 합니다.

3 I want you to **meet** my sister Melanie.
내 여동생 멜라니와 인사해.

4 **Minors** are not allowed to drink or smoke.
미성년자의 음주와 흡연은 허용되지 않습니다.

5 The bathroom with the diaper-changing station is for **women** with babies.
기저귀 교환대가 있는 화장실은 아기를 동반한 여성을 위한 것입니다.

back up (파일, 프로그램 등을) 백업하다 diaper 기저귀

✅ CHECK-UP
● 016

A 잘 듣고 보기 중 제시된 단어를 올바르게 발음한 것을 고르세요.

1 meet ⓐ ⓑ 2 woman ⓐ ⓑ

3 comfortable ⓐ ⓑ 4 minor ⓐ ⓑ

B 다음 문장을 잘 듣고 빈칸에 들어갈 알맞은 단어를 쓰세요.

1 The _____ is his bad attitude.
문제는 그의 안 좋은 태도야.

2 It is my pleasure to _____ you in person.
직접 만나게 돼서 기뻐요.

3 _____ have many different levels of color and clarity.
다이아몬드는 색깔과 투명도에 따라 여러 등급을 가지고 있습니다.

4 The _____ system is programmed to shut off at midnight.
메시징 시스템은 자정에 종료되도록 프로그램되어 있습니다.

[n]

spelling **n**

[n]는 [m]처럼 비음에 속합니다. [n]를 발음할 때는 혀 앞쪽의 절반 정도가 입천장에 닿아야 합니다. 혀끝을 입천장에 살짝 댔다가 힘껏 떨어뜨리면서 [(어)은ㄴ] 하고 소리 내 보세요. 이때 콧등에 울림이 전해지는 걸 느낄 수 있습니다. [n]가 단어 끝에 오면 앞에 있는 모음의 받침소리처럼 발음됩니다.

STEP 1 • 단어 듣고 발음하기   ▶ 017

	발음기호	한국식 발음	미국식 발음
next	[nekst]	넥스트	넥스트
neat	[niːt]	니트	니잍
necessary	[nésəsèri]	네쎄서리	**네**써쎄루
evening	[íːvniŋ]	이브닝	**이**-브닝
relationship	[riléiʃənʃip]	릴레이션십	륄**레**이션쉽
Chinese	[tʃàiníːz]	차이니즈	촤이**니**이즈
refund	[ríːfʌnd]	리펀드	**뤼**이(f)펀ㄷ
cuisine	[kwizíːn]	퀴진	크위**지**인

neat 정돈된, 깔끔한   necessary 필요한   refund 환불(금)   cuisine 요리, 요리법

STEP 2 • 직접 발음하기 단어를 세 번씩 읽은 후 정확한 소리를 들어 보세요.   ▶ 018

neat	☐ ☐ ☐	nice	☐ ☐ ☐
necessary	☐ ☐ ☐	clean	☐ ☐ ☐
relationship	☐ ☐ ☐	documentation	☐ ☐ ☐
cuisine	☐ ☐ ☐	neighborhood	☐ ☐ ☐

1   Jjamppong is Korean-**Chinese**, not **Chinese**, cuisine.
짬뽕은 중국 요리가 아니라 한국식 중국 요리거든요.

2   He has a close **relationship** with his mother.
그는 어머니하고 사이가 가까워요.

3   Documentation is the key for a **refund**. Keep all the bills from now on.
환불에는 증빙 서류가 핵심입니다. 지금부터 모든 영수증을 보관하세요.

4   I like to take a nice **evening** stroll in the neighborhood.
나는 동네에서 기분 좋게 저녁 산책을 하는 것을 좋아해요.   *neighborhood의 gh는 묵음이에요.*

5   Taking that course is optional; it's not **necessary** to take it if you don't want to.
그 강좌를 듣는 것은 선택 사항입니다. 원하지 않으면 들을 필요가 없습니다.

documentation (입증할) 서류, 문서 첨부   stroll 산책, 거닐기   optional 선택적인

✅ CHECK-UP   ● 020

A   잘 듣고 보기 중 [n] 소리가 들어 있지 <u>않은</u> 단어를 고르세요.

1 ⓐ   ⓑ   ⓒ   2 ⓐ   ⓑ   ⓒ

3 ⓐ   ⓑ   ⓒ   4 ⓐ   ⓑ   ⓒ

B   다음 문장을 잘 듣고 빈칸에 들어갈 알맞은 단어를 쓰세요.

1   Please bring the receipt when you want to get a _____.
환불을 원하시는 경우 영수증을 지참하세요.

2   Is it really _____ to bring this up right now?
지금 이 얘기를 꼭 꺼내야 해?

3   You need to understand the _____ between diet and disease.
식단과 질병 사이의 관계를 이해할 필요가 있습니다.

4   He keeps his apartment _____ and clean.
그는 아파트를 깔끔하게 정돈해 둡니다.

06

자음 [t]

spelling t

[t]는 우리말의 'ㅌ'와 유사하지만, 좀 더 센 호흡으로 발음하기 때문에 공기가 터져 나오는 정도가 강합니다. [t]를 발음할 때는 혀끝을 윗니 뒤편에 놓고 숨을 막았다가 혀를 떼어냄과 동시에 공기를 터뜨리면서 소리를 냅니다. hot, meet, shout와 같이 모음 뒤에 t가 끝소리로 올 때는 우리말의 받침소리처럼 발음됩니다. 이때 모음까지 섞어 강하게 '트' 라고 발음하지 않도록 주의하세요.

STEP 1 • 단어 듣고 발음하기　　　　　　　　　　　　　　　　　　　　　　● 021

	발음기호	한국식 발음	미국식 발음
top	[tɑːp]	탑	타앞
test	[test]	테스트	테스ᴛ
tattoo	[tætúː]	타투	태**투**우
hotel	[houtél]	호텔	호우**텔**
potato	[pətéitou]	포테이토	퍼**테**이로우
guitar	[gitáːr]	기타	기**타**아r
feet	[fiːt]	핏	(f)피잍
target	[táːrgit]	타겟	**타**아r긷

tattoo 문신　target 목표, 대상

STEP 2 • 직접 발음하기　단어를 세 번씩 읽은 후 정확한 소리를 들어 보세요.　　　● 022

test	☐ ☐ ☐	left	☐ ☐ ☐
guitar	☐ ☐ ☐	date	☐ ☐ ☐
potato	☐ ☐ ☐	favorite	☐ ☐ ☐
target	☐ ☐ ☐	project	☐ ☐ ☐

1   **Potato** salad is my favorite dish.
감자 샐러드는 내가 가장 좋아하는 음식입니다.

미국식 발음 특성상 강모음와 약모음 사이의 t를 [ㄹ]로 약화시켜, potato를 [퍼테이로우] 로 발음하고 있어요.

2   She wants to get a **tattoo** on the **top** of her left foot.
그녀는 왼쪽 발등에 문신을 하고 싶다네요.

3   What is the **target** date for this project?
이 프로젝트의 목표 마감일은 언제예요?

4   Thank you for being on **top** of this!
이 일을 잘 처리 해 줘서 고마워요!

5   Taking a **test** run is always good before you run it.
언제든지 작동하기 전에 시운전을 해 보는 것이 좋습니다.

get a tattoo 문신을 하다   be on top of something (문제나 어려움을) 성공적으로 처리하다   test run 시운전

✔ CHECK-UP   ● 024

A   잘 듣고 보기 중 제시된 단어를 올바르게 발음한 것을 고르세요.

1   top   ⓐ   ⓑ   2   guitar   ⓐ   ⓑ

3   hotel   ⓐ   ⓑ   4   date   ⓐ   ⓑ

B   다음 문장을 잘 듣고 빈칸에 들어갈 알맞은 단어를 쓰세요.

1   Young professionals are our _____ customers.
전문직에 종사하는 젊은 사람들이 우리의 주 고객입니다.

2   We brought a sweet _____ pie for dessert.
우리는 디저트로 고구마 파이를 가져왔어요.

3   Let's go to the other room to _____ your iPhone to see if it is working or not.
다른 방으로 가서 네 아이폰이 작동되는지 테스트해 보자.

4   She has wide _____, so she usually wears one size larger.
그녀는 발볼이 넓어서 보통 한 사이즈 크게 신어요.

EXERCISE

A 잘 듣고 보기 중 어느 단어를 발음한 것인지 고르세요.

1 ⓐ package   ⓑ next   ⓒ target

2 ⓐ work   ⓑ worm   ⓒ wet

3 ⓐ kit   ⓑ hat   ⓒ neat

4 ⓐ cute   ⓑ keep   ⓒ great

5 ⓐ handle   ⓑ noodle   ⓒ credit

6 ⓐ noon   ⓑ night   ⓒ mine

B 잘 듣고 들리는 단어를 쓰세요.

1 _____   2 _____

3 _____   4 _____

5 _____   6 _____

7 _____   8 _____

C 다음 어구를 잘 듣고 빈칸을 채우세요.

1 _____ with care   2 _____ pass

3 get a _____   4 hot _____

5 a career _____   6 a _____ evil

7 write on a _____   8 get with the _____

D 다음 문장을 잘 듣고 빈칸을 채우세요.

1   I'm not getting a _____ on my phone.
    핸드폰에 신호가 안 잡히네요.

2   August is monsoon season, so it is usually _____ and
    _____.
    8월은 장마철이어서 보통 덥고 습해요.

3   We used to take a nice _____ stroll in the neighborhood.
    우리는 동네에서 기분 좋게 저녁 산책을 하곤 했어요.

4   My post on Instagram got over 100 _____ just last night.
    인스타그램에 올린 내 게시물이 어젯밤에만 조회수가 100개가 넘었어요.

5   I don't feel _____ wearing a diamond ring when I work out at the
    gym.
    헬스장에서 운동할 때 다이아몬드 반지를 끼는 건 불편하죠.

6   If anybody _____, please take a _____ for me.
    전화 오면 메시지 좀 받아 주세요.

7   Showing language skills on a résumé is a good selling _____
    to get a job offer.
    이력서에 언어 능력을 제시하는 것은 취업 제의를 받는 데 있어 큰 장점입니다.

8   Wearing a _____ will keep you _____ in the sun.
    햇볕에서는 모자를 쓰면 좀 시원할 거야.

07

자음 [b] vs. [v]

spelling **b**

[b]는 우리말의 'ㅂ' 소리와 유사하므로 쉽게 발음할 수 있습니다. [b]를 발음할 때는 입안의 공기를 모아 내뿜으면서 성대를 울려 발음합니다. '읍' 하고 입술을 다물고 입안의 공기를 모았다가 한 번에 내뿜으면서 [ㅂ] 하고 소리 내 보세요.

STEP 1 • 단어 듣고 발음하기

● 026

	발음기호	한국식 발음	미국식 발음
boy	[bɔi]	보이	보이
busy	[bízi]	비지	**비**지
bank	[bæŋk]	뱅크	뱅크
ribbon	[ríbən]	리본	**뤼**븐
hobby	[háːbi]	하비	**하**아비
cube	[kjuːb]	큐브	**큐**웁
knob	[nɑːb]	노브	나압
globe	[gloub]	글로브	글로웁

cube 정육면체   knob 손잡이   globe 세계, 지구본

STEP 2 • 직접 발음하기 단어를 세 번씩 읽은 후 정확한 소리를 들어 보세요.

● 027

busy	☐ ☐ ☐	bee	☐ ☐ ☐
globe	☐ ☐ ☐	both	☐ ☐ ☐
hobby	☐ ☐ ☐	before	☐ ☐ ☐
knob	☐ ☐ ☐	lobby	☐ ☐ ☐

KEY POINT [b]와 [v]는 발음할 때 입술이 서로 닿느냐 마느냐 하는 차이가 있습니다. [b]는 양 입술을 붙였다가 떼면서 발음하고, [v]는 윗니를 아랫입술에 댔다가 떨어뜨리면서 소리 냅니다.

[v]

spelling v

[v]는 윗니로 아랫입술을 살짝 물듯이 얹은 상태에서 공기를 뿜어내면서 성대를 울려 발음합니다. 아랫입술을 앞으로 살짝 튕기면서 공기를 내보내죠. 이때 아랫입술을 너무 많이 물지 말고, 윗니를 아랫입술에 살짝 얹는 느낌으로만 하면 됩니다.

STEP 1 • 단어 듣고 발음하기

028

	발음기호	한국식 발음	미국식 발음
voice	[vɔis]	보이스	(v)보이ㅆ
volume	[vάːljuːm]	볼륨	**(v)발**류움
victory	[víktəri]	빅토리	**(v)빅**터뤼
version	[vəːrʒən]	버전	**(v)버**어r줜
television	[téləvìʒən]	텔레비전	**텔**러(v)비줜
service	[səːrvis]	서비스	**써**어r(v)비ㅆ
behave	[bihéiv]	비헤이브	비**헤**이v
valve	[vælv]	밸브	(v)밸v

volume 음량, 용량 version 버전, 형태 behave 처신하다, 행동하다

STEP 2 • 직접 발음하기 단어를 세 번씩 읽은 후 정확한 소리를 들어 보세요.

029

voice	□ □ □	save	□ □ □
version	□ □ □	vibrate	□ □ □
service	□ □ □	leave	□ □ □
behave	□ □ □	vase	□ □ □

1　　Both of my **boys** are doing their military **service**.
　　　제 아들은 둘 다 군 복무 중이에요.

2　　You can turn off the **volume** of your cell phone or put it on vibrate.
　　　휴대전화의 소리를 끄거나 진동으로 해 놓으시면 됩니다.

3　　If you don't **behave**, we will have to leave.
　　　네가 얌전히 굴지 않으면 우리는 여기서 나갈 거야.

4　　Before you start, make sure to turn off the main water **valve**.
　　　시작하기 전에 수도관 주 밸브를 잠갔는지 꼭 확인하세요.

5　　She is a **busy** bee and is always on the go.
　　　그녀는 언제나 끊임없이 일하는 일벌레다.

6　　Online **banking service** saves a lot of time when you are on the road.
　　　온라인 뱅킹 서비스는 이동 중에 많은 시간을 절약해 줍니다.

> hobby는 b가 두 번 나와도 [b]로만 소리 내요.

7　　I can find some nice picture frames at the **Hobby** Lobby.
　　　Hobby Lobby에서 보기 좋은 액자를 찾을 수 있더라고.

8　　It doesn't have to be a big **victory**, but you can celebrate small **victories**.
　　　꼭 큰 승리가 아니어도 괜찮아. 작은 승리도 축하할 수 있어.

put it on vibrate 진동으로 하다　on the go 끊임없이 일하는　Hobby Lobby 미국의 홈데코·공예용품 전문점

---

[b]와 [v]를 구별하여 말하지 않으면 오해를 살 수 있는 단어들　　　　　　◐ 031

berry [béri] 산딸기류 열매	very [véri] 매우, 대단히
base [beis] 기초, 토대	vase [veis] 꽃병
boat [bout] 배, 보트	vote [vout] 투표, 투표하다
bow [bau] 고개를 숙이다	vow [vau] 맹세하다
bet [bet] 내기, 내기를 걸다	vet [vet] 수의사
ban [bæn] 금지(법)	van [væn] 승합차, 밴
boys [bɔiz] 소년들	voice [vɔis] 목소리
curb [kə:rb] 억제하다, 제한하다	curve [kə:rv] 곡선, 커브

A 잘 듣고 단어의 시작 소리가 [b]인지 [v]인지 고르세요.

1 [b]   [v]   2 [b]   [v]

3 [b]   [v]   4 [b]   [v]

5 [b]   [v]   6 [b]   [v]

B 잘 듣고 빈칸에 알맞은 철자를 쓰세요.

1 __ank account   2 beha __ e badly

3 a soft __ oice   4 __ olume kno __

5 the __ ig apple   6 an upgraded __ ersion

C 다음 문장을 잘 듣고 괄호 안의 단어 중 알맞은 것을 고르세요.

1 Please be careful with that (base / vase). It's from my great-grandmother.
   그 꽃병을 다룰 때 조심하세요. 우리 증조할머니가 주신 거거든요.

2 Keep your (boys / voice) down. The baby is sleeping.
   목소리 좀 낮춰. 아기가 자고 있어.

3 Ferry (boat / vote) rides on the Han River are something you can enjoy.
   한강 유람선 탑승을 즐길 수 있어요.

4 Did you mean a (bet / vet) as in veteran or veterinarian?
   vet는 전문가를 말하신 건가요, 아니면 수의사를 말하신 건가요?

D 다음 문장을 잘 듣고 빈칸에 들어갈 알맞은 단어를 쓰세요.

1 She tied her hair back with a _____.
   그녀는 리본으로 머리를 묶었어요.

2 Listening is a key to good customer _____.
   경청은 훌륭한 고객 서비스의 핵심입니다.

3 The volume _____ is not working. Just use the remote control to
   turn it down.
   음량 조절기가 작동이 안 돼요. 리모컨을 사용해서 소리를 낮추세요.

4 When you have a _____ account there, you can also create an
   account to do online banking.
   그 은행의 계좌를 가지고 있으면 온라인 뱅킹 계좌도 만들 수 있습니다.

08

자음 [d] vs. [ð]

spelling **d**

[d]는 혀끝을 윗니 뒤쪽의 볼록한 부분에 붙였다 떼면서 성대를 울려 소리 냅니다. 우리말의 'ㄷ' 소리와 유사하지만 영어의 [d]는 좀 더 힘 있고 복부 깊은 곳에서 나는 소리입니다. 숨을 들이마시고 배에 힘을 주어 소리 내 보세요.

STEP 1 • 단어 듣고 발음하기　　　　　　　　　　　　　　　　　　　　　● 033

	발음기호	한국식 발음	미국식 발음
dog	[dɔːg]	도그	도억
dizzy	[dízi]	디지	**디**지
detox	[díːtɑːks]	디톡스	**디**이탘ㅆ
headline	[hédlain]	헤드라인	**헬**라인
deodorant	[dióudərənt]	데오도란트	디**오**우더뤈ㅌ
wedding	[wédiŋ]	웨딩	**웨**딩
second	[sékənd]	세컨드	**쎄**컨ㄷ
neighborhood	[néibərhùd]	네이버후드	**네**이버r훌

dizzy 어지러운　detox 해독하다　deodorant 냄새 제거제

STEP 2 • **직접 발음하기** 단어를 세 번씩 읽은 후 정확한 소리를 들어 보세요.　● 034

dog ☐☐☐	during ☐☐☐
second ☐☐☐	department ☐☐☐
deodorant ☐☐☐	building ☐☐☐
neighborhood ☐☐☐	good ☐☐☐

[d]와 [ð]는 우리말의 'ㄷ' 소리와 비슷하게 들려서 혼동되기도 하죠. 두 발음의 차이는 혀의 위치에 있습니다. [d]는 혀를 윗니 뒤 입천장에 대었다가 떼면서, [ð]는 윗니와 아랫니 사이에 혀를 살짝 끼웠다가 빼면서 소리 냅니다.

[ð]

spelling **th**

[ð]는 혀를 윗니와 아랫니 사이에 살짝 끼웠다가 빼면서 성대를 울려 발음합니다. [ð]를 발음할 때는 혀가 윗니와 아랫니 사이에 쓸려 나가는 느낌이 확실하게 납니다. 이에 반해 [d]를 발음할 때는 이러한 마찰이 일어나지 않습니다.

STEP 1 • 단어 듣고 발음하기　　　　　　　　　　　　　　　　　　　　　　● 035

	발음기호	한국식 발음	미국식 발음
there	[ðɛ́ər]	데어	**(ð)데**어r
though	[ðou]	도우	(ð)도우
either	[íːðər]	이더	**이**–(ð)더r
gather	[gǽðər]	개더	**개**(ð)더r
brother	[brʌ́ðər]	브라더	**브뤄**(ð)더r
clothing	[klóuðiŋ]	클로딩	**클로**우(ð)딩
smooth	[smuːð]	스무스	스무우ð
teethe	[tiːð]	티스	티이ð

either (둘 중) 어느 하나　gather 모으다, (수집한 정보에 따라) 짐작하다　teethe 이가 나기 시작하다

STEP 2 • 직접 발음하기 단어를 세 번씩 읽은 후 정확한 소리를 들어 보세요.　　● 036

there	☐ ☐ ☐	that	☐ ☐ ☐
either	☐ ☐ ☐	those	☐ ☐ ☐
gather	☐ ☐ ☐	bathe	☐ ☐ ☐
teethe	☐ ☐ ☐	southern	☐ ☐ ☐

1   Is **there** an elevator in this building?
이 건물에 엘리베이터가 있나요?

2   It is right next to the men's **clothing** department.
그것은 남성복 매장 바로 옆에 있습니다.

3   I think using **deodorant** in the summer is a must.
여름에 데오드란트를 사용하는 것은 필수라고 생각해.

4   It was the **second** time they cancelled their show during the pandemic in 2021.
2021년 팬데믹 기간 중 그들이 쇼를 취소한 건 이번이 두 번째예요.

5   You have two options: **either** you give me the money, or I will take you to court.
두 가지 선택권이 있습니다. 나한테 돈을 주든지, 아니면 고소하겠습니다.

6   Bathing my **dog** is hard for me. My **brother** is good at it **though**.
강아지 목욕시키는 것은 나에게 힘든 일이거든. 근데 우리 오빠는 목욕을 잘 시켜.

7   I **gathered** from what he said that he liked her.
그가 하는 말을 듣고 나서 짐작하는 건데, 그녀를 좋아하는 것 같았어요.

8   Drinking green tea is a simple and easy way to **detox** your body.
녹차를 마시는 것은 여러분의 몸을 해독하는 간단하고 쉬운 방법입니다.

must 꼭 해야 하는 것   pandemic 전 세계적 유행병   take somebody to court ~를 고소하다

[d]와 [ð]를 구별하여 말하지 않으면 오해를 살 수 있는 단어들   ▶ 038

Dan [dæn] 댄(남자 이름)

den [den] (편안히 쉴 수 있는) 작은 방

day [dei] 날, 하루

dare [dɛər] 감히 ~하다

do's [duːz] 해야 할 것

dough [dou] 밀가루 반죽

breed [briːd] 품종

sudden [sʌdn] 갑작스러운

than [ðæn] ~보다

then [ðen] 그때, 그 다음에

they [ðei] 그들

there [ðɛər] 거기에

those [ðouz] 그것들

though [ðou] ~일지라도, 그렇지만

breathe [briːð] 호흡하다

southern [sʌðərn] 남쪽의

A 잘 듣고 보기 중 제시된 단어를 올바르게 발음한 것을 고르세요.

1　there　　　　ⓐ　ⓑ　ⓒ　　2　either　　　　ⓐ　ⓑ　ⓒ

3　southern　　ⓐ　ⓑ　ⓒ　　4　headline　　ⓐ　ⓑ　ⓒ

5　smooth　　　ⓐ　ⓑ　ⓒ　　6　department　ⓐ　ⓑ　ⓒ

B 잘 듣고 빈칸에 알맞은 철자를 쓰세요.

1　we ＿ ＿ ing invitation　　　2　secon ＿ to none

3　as smoo ＿ ＿ as silk　　　　4　＿ izzy spells

5　almost ＿ ＿ ere　　　　　　6　bro ＿ ＿ ers and sisters

C 다음 문장을 잘 듣고 괄호 안의 단어 중 알맞은 것을 고르세요.

1　She has a (southern / sudden) accent.
　그녀는 남부 지방 말투를 써요.

2　Bulldogs are not a healthy (breed / breathe) because they have lots of
　health problems.
　불독은 건강상의 문제가 많기 때문에 건강한 품종이 아닙니다.

3　Women's (cloudy / clothing) is right past the children's clothing section
　and across from the jewelry section.
　여성복 매장은 아동복 섹션을 지나 주얼리 섹션 맞은편에 있습니다.

4　You should learn what the (those / do's) and don'ts in their country are
　before you travel.
　여행을 하기 전에 그 나라에서 해야 할 것과 하지 말아야 할 것을 알아 둬야 합니다.

D 다음 문장을 잘 듣고 빈칸에 들어갈 알맞은 단어를 쓰세요.

1　Most of the high-rises in this ＿＿＿＿＿＿ are residential towers.
　이 지역의 고층 건물은 대부분 주거용 아파트입니다.

2　When my puppy was ＿＿＿＿＿＿, he chewed up everything in the house.
　내 강아지가 이가 나기 시작했을 때 그는 집안의 모든 것을 물어뜯었어요.

3　＿＿＿＿＿＿ have their own personalities.
　개들은 그들만의 개성을 가지고 있습니다.

4　Her skin was as ＿＿＿＿＿＿ as silk.
　그녀의 피부는 비단결처럼 매끄러웠어요.

09

자음 [f] vs. [p]

spelling
f, ph, gh

[f]는 우리말의 'ㅍ'로 표기하지만 사실 전혀 다른 소리입니다. [f]는 윗니를 아랫입술에 살짝 얹고 그 사이로 공기가 새어 나가게 하면서 발음합니다. 철자 f뿐만 아니라 ph, gh도 [f] 소리가 나기도 하는데, phone이나 tough와 같은 단어를 예로 들 수 있습니다.

STEP 1 • 단어 듣고 발음하기

▶ 040

	발음기호	한국식 발음	미국식 발음
feel	[fi:l]	필	(f)피얼
Facebook	[féisbuk]	페이스북	**(f)페**이쓰북
fabulous	[fǽbjuləs]	패뷸러스	**(f)패**뷸러ㅆ
breakfast	[brékfəst]	브렉퍼스트	ㅂ**뤱**(f)퍼스ㅌ
girlfriend	[gə́rlfrend]	걸프렌드	**거**ㄹ을(f)프뤤ㄷ
definitely	[défənitli]	데피니틀리	**데**(f)퍼닡을리
safe	[seif]	세이프	쎄이f
childproof	[tʃáildpru:f]	차일드프루프	**촤**일드프루우f

fabulous 굉장히 좋은, 멋진   definitely 분명히, 확실하게   childproof 아이들이 열 수 없게 만든

STEP 2 • 직접 발음하기   단어를 세 번씩 읽은 후 정확한 소리를 들어 보세요.

▶ 041

feel	☐ ☐ ☐	find	☐ ☐ ☐
fabulous	☐ ☐ ☐	funny	☐ ☐ ☐
safe	☐ ☐ ☐	favorite	☐ ☐ ☐
definitely	☐ ☐ ☐	phone	☐ ☐ ☐

[p]와 [f] 두 음을 모두 우리말에서는 가장 가까운 자음 'ㅍ'으로 표기합니다. [f]는 윗니와 아랫입술 사이에서 소리 내고, [p]는 양 입술을 포개어 모은 상태에서 소리 냅니다.

[p]는 양 입술을 다물고 공기를 모았다가 배에 힘을 주고 한 번에 내뿜으면서 내는 소리입니다. [p]는 우리말 'ㅍ'와 유사한 발음이지만 좀 더 강한 호흡으로 표현합니다. 이때 성대를 울리지 않고 공기 소리만 내뿜습니다.

spelling p

STEP 1 • 단어 듣고 발음하기 ▶ 042

	발음기호	한국식 발음	미국식 발음
pin	[pin]	핀	핀
peanut	[pínət]	피넛	**피**넡
paper	[péipər]	페이퍼	**페**이퍼r
happy	[hǽpi]	해피	**해**피
respect	[rispékt]	리스펙트	뤼스**뻭**트
company	[kʌ́mpəni]	컴패니	**컴**퍼니
pump	[pʌmp]	펌프	펌ㅍ
hiccup	[híkʌp]	히컵	**히**컾

pump 펌프, 기름을 주입하다   hiccup 딸꾹질, 딸꾹질을 하다

STEP 2 • 직접 발음하기   단어를 세 번씩 읽은 후 정확한 소리를 들어 보세요.   ▶ 043

peanut	☐ ☐ ☐	policy	☐ ☐ ☐
company	☐ ☐ ☐	cap	☐ ☐ ☐
respect	☐ ☐ ☐	experience	☐ ☐ ☐
hiccup	☐ ☐ ☐	drop	☐ ☐ ☐

1   It is so quiet that you can hear a **pin** drop.
핀이 떨어지는 소리도 들을 수 있을 정도로 조용한데요.

2   You're being disrespectful by using **Facebook** on the phone.
너는 휴대폰으로 페이스북을 하면서 무례해지고 있어.

3   There are only two gas **pumps** available now.
현재 사용할 수 있는 주유기는 두 개뿐입니다.

4   I experienced a major bout of the **hiccups** and **felt** funny right after eating that.
그것을 먹고 나서 바로 딸꾹질을 심하게 하는 게 기분이 안 좋았어요.

5   That golf course was **fabulous**. I **definitely** recommend it!
그 골프장은 정말 멋졌어요. 완전 추천합니다!

6   Most medicine bottles have **childproof** caps.
대부분의 약병에는 아이들이 열 수 없게 만든 뚜껑이 있다.

> cap처럼 p가 단어 끝에 오면 받침소리처럼 소리 나요.

7   **Peanut** butter and jelly sandwiches are my favorite.
땅콩버터 젤리 샌드위치는 내가 제일 좋아하는 거예요.

8   We can't do that. It's against the **company**'s policy.
그렇게 할 수는 없습니다. 그것은 회사 방침에 위배됩니다.

disrespectful 무례한   gas pump (주유소의) 주유 펌프, 주유기   a bout of 한차례의, 한바탕   policy 정책, 방침

---

[f]와 [p]를 구별하여 말하지 않으면 오해를 살 수 있는 단어들   ● 045

file [fail] 파일	pile [pail] 포개 놓은 것, 더미
fast [fæst] 빠른, 빨리	past [pæst] 지난, 지나서
fill [fil] 채우다	pill [pil] 알약
fan [fæn] 선풍기, 팬	pan [pæn] 프라이팬
full [ful] 가득한	pull [pul] 뽑다, 잡아당기다
found [faund] 찾았다(find의 과거형)	pound [paund] 파운드(영국의 화폐 단위)
beef [bi:f] 소고기	beep [bi:p] (전자 기기에서 나는) 삐 소리
chief [tʃi:f] (단체의) 장	cheap [tʃi:p] 싼, 저렴한

A 잘 듣고 단어의 시작 소리가 [f]인지 [p]인지 고르세요.

1 [f]　　　[p]　　　　　2 [f]　　　[p]

3 [f]　　　[p]　　　　　4 [f]　　　[p]

5 [f]　　　[p]　　　　　6 [f]　　　[p]

B 잘 듣고 빈칸에 알맞은 철자를 쓰세요.

1 ＿ile cabinet　　　　　2 half ＿ast eight

3 child ＿roo ＿ bottle　　4 break ＿ast places

5 the new education ＿olicy　6 my ＿avorite snack

C 다음 문장을 잘 듣고 괄호 안의 단어 중 알맞은 것을 고르세요.

1 I (pound / found) out that Jeff is a mutual friend with Tiffany.
제프와 티파니가 서로 아는 친구라는 걸 알았어.

2 Just (pill / fill) in all the blanks on this form and sign it at the bottom.
이 양식의 빈칸을 모두 채우고 아래에 서명하세요.

3 I usually peel the skin off first and then cook it in a (fan / pan).
저는 보통 껍질을 먼저 벗기고 팬에 익혀요.

4 Can you look through the (file / pile) folders on her desk?
그녀의 책상 위에 있는 서류철을 살펴봐 줄래요?

D 다음 문장을 잘 듣고 빈칸에 들어갈 알맞은 단어를 쓰세요.

1 It doesn't ＿＿＿＿＿＿ it up. The system seems to be down now.
화면이 뜨지 않네요. 시스템이 다운된 것 같습니다.

2 His picture on ＿＿＿＿＿＿ sparked a big social media frenzy.
페이스북에 올린 그의 사진이 소셜 미디어의 열광적 관심을 불러일으켰습니다.

3 His ＿＿＿＿＿＿ was not happy to find out he lost his job.
그의 여자친구는 그가 실직했다는 것을 알고 기분이 언짢았다.

4 I have the greatest ＿＿＿＿＿＿ for my parents.
저는 제 부모님을 가장 존경합니다.

10

자음 [l] vs. [r]

spelling l

[l] 발음은 혀끝이 윗니 뒤에 닿으면서 시작됩니다. 혀끝으로 윗니 뒤쪽을 밀어 내리면서 [(얼)러] 하고 소리 냅니다. 혀가 윗니 뒤쪽으로 가면서 발성이 시작되기 때문에 '(얼)'과 같은 준비음이 살짝 들어가게 되는데, 그렇다고 해서 의식적으로 '(얼)' 소리를 낼 필요는 없습니다.

STEP 1 • 단어 듣고 발음하기
047

	발음기호	한국식 발음	미국식 발음
label	[léibəl]	라벨	**레**이블
lecture	[léktʃər]	렉처	**렉**춰r
laundry	[lɔ́:ndri]	런드리	**로**언드뤼
calendar	[kǽləndər]	캘린더	**캘**런더r
stapler	[stéiplər]	스테이플러	ㅅ**떼**이플러r
watermelon	[wɔ́tərmelən]	워터멜론	**워**러r멜런
alcohol	[ǽkəhɔ̀:l]	알코올	**앨**커호얼
recreational	[rèkriéiʃənəl]	레크레이셔널	뤠크뤼**에**이셔늘

label 라벨, 상표   laundry 세탁물, 빨래   recreational 오락의, 기분 전환의

STEP 2 • 직접 발음하기 단어를 세 번씩 읽은 후 정확한 소리를 들어 보세요.
048

label	☐ ☐ ☐	liquor	☐ ☐ ☐
laundry	☐ ☐ ☐	feel	☐ ☐ ☐
calendar	☐ ☐ ☐	collect	☐ ☐ ☐
alcohol	☐ ☐ ☐	loyal	☐ ☐ ☐

[l]와 [r]는 서로 다른 소리인데, 둘 다 우리말의 'ㄹ'로 표기하고 있어 잘못 발음하는 경향이 있습니다. 두 발음의 차이는 혀가 입안에서 닿느냐 닿지 않느냐의 여부입니다. [l]은 혀끝을 윗니 뒤에 붙여서 발음하고, [r]는 혀가 입천장에 닿지 않게 구부려 발음합니다.

[r]

spelling r

[r]는 우리말의 'ㄹ'와 분명하게 구별됩니다. 혀를 입천장에 닿지 않도록 목구멍 쪽으로 말았다가 펴면서 [(우)뤄] 하고 발음해 보세요. 우리말 'ㄹ'는 발음할 때 혀가 입천장에 닿는 반면, [r] 발음은 혀가 입천장에 닿지 않은 채 소리 나요.

STEP 1 • 단어 듣고 발음하기   ▶ 049

	발음기호	한국식 발음	미국식 발음
ride	[raid]	라이드	롸읻
report	[ripɔ́ːrt]	리포트	뤼**포**어rㅌ
regular	[régjulər]	레귤러	**뤠**귤러r
park	[pɑːrk]	파크	파아rㅋ
early	[ə́ːrli]	얼리	**어**–r을리
tired	[taiərd]	타이어드	**타**이어rㄷ
river	[rívər]	리버	**뤼**(v)버r
mediator	[míːdièitər]	메디에이터	**미**이디에이러r

regular 정기적인, 정규의   park 공원, 주차하다   mediator 중재자

STEP 2 • 직접 발음하기   단어를 세 번씩 읽은 후 정확한 소리를 들어 보세요.   ▶ 050

park	hard
regular	morning
tired	rain
mediator	sugar

1 My apartment faces Ichon Hangang **Park** in Seoul.
내가 사는 아파트는 서울 이촌 한강공원을 마주하고 있어요.

2 I am not a morning person. I feel **tired** if I wake up **early** in the morning.
저는 아침형 인간이 아니에요. 아침 일찍 일어나면 피곤해요.

3 If you check the **laundry** machine, maybe you can find the button.
세탁기를 확인해 보면 아마 그 단추를 찾으실 수 있을 거예요.

4 Find the facts and send me a **report**.
진상 조사를 하고 저에게 보고서를 보내세요.

5 Paul is a perfect **mediator** because he is calm, open-minded, and very intuitive.
폴은 침착하고 편견이 없으면서 매우 직관적이므로 완벽한 중재자입니다.

6 Soju is a hard liquor because it has about 25% **alcohol**.
소주는 독한 술이에요. 25% 정도의 알코올이 들어 있거든요.

7 The **label** says that it has 12 grams of sugar.
여기 라벨에는 설탕 12그램이 들어 있다고 쓰여 있는데요.

8 Five **calendar** days means five days, even when some days are on the weekend.
달력상 5일이라고 하면 주말이 겹치더라도 무조건 5일을 의미합니다.

open-minded 편견이 없는   intuitive 직관적인   liquor 주류, 술

[l]와 [r]를 구별하여 말하지 않으면 오해를 살 수 있는 단어들   ⊙ 052

lane [lein] 차선, 차로	rain [rein] 비, 비가 오다
lock [lɑ:k] 자물쇠	rock [rɑ:k] 바위, 암석
lead [li:d] 인도하다, 이끌다	read [ri:d] 읽다
lamp [læmp] 램프, 전등	ramp [ræmp] (항공기의) 이동식 경사 계단
collect [kəlékt] 수집하다, 모으다	correct [kərékt] 정정하다, 고치다
glass [glæs] 유리(잔)	grass [græs] 풀, 잔디
loyal [lɔ́iəl] 충성스러운	royal [rɔ́iəl] 왕실의
play [plei] 놀다	pray [prei] 기도하다

A 잘 듣고 보기 중 제시된 단어를 올바르게 발음한 것을 고르세요.

1 label   ⓐ ⓑ ⓒ   2 river   ⓐ ⓑ ⓒ

3 stapler   ⓐ ⓑ ⓒ   4 recreational   ⓐ ⓑ ⓒ

5 lecture   ⓐ ⓑ ⓒ   6 glass   ⓐ ⓑ ⓒ

B 잘 듣고 빈칸에 알맞은 철자를 쓰세요.

1 ___ egular hours   2 ___ ock screen

3 ___ oyal family   4 off- ___ amp

5 floor ___ amp   6 ___ ane change

C 다음 문장을 잘 듣고 괄호 안의 단어 중 알맞은 것을 고르세요.

1 Kenneth has been such a (loyal / royal) friend since we have known each other.
   케네스는 우리가 알고 지낸 이래로 매우 의리 있는 친구였어요.

2 I wouldn't do anything to (lock / rock) the boat if I were you.
   내가 너라면 소란을 일으킬만한 일을 하지 않겠어.

3 She is (collecting / correcting) candles with various colors and scents.
   그녀는 다양한 색과 향의 양초를 모으고 있어요.

4 I will give you a (slide / ride) to the closest subway station.
   가장 가까운 지하철역까지 태워 줄게요.

D 다음 문장을 잘 듣고 빈칸에 들어갈 알맞은 단어를 쓰세요.

1 The _____ may look greener on the other side, but you will find things are totally different.
   남의 떡이 더 커 보이겠지만, 상황은 완전히 다르다는 걸 알게 될 거야.

2 My father gave me _____ about being on social media too much.
   우리 아빠는 제가 소셜 미디어에 너무 매달려 있다고 잔소리했어요.

3 Eating _____ makes you stay hydrated.
   수박을 먹으면 (체내) 수분을 유지하게 됩니다.

4 _____ my lips: No more bonuses this year.
   잘 들으세요. 올해는 더 이상 보너스가 없습니다.

11

자음 [s] vs. [θ]

[s]

[s]는 윗니와 아랫니 사이로 공기 새는 소리를 내어 만들어지는데요, 이때 혀는 입천장에 닿을 듯 말 듯하게 놓습니다. 그러면 [쓰] 하고 바람에 낙엽 쓸려가는 듯한 소리가 나죠. [s]는 성대를 울리지 않는 무성음입니다.

spelling s, c

STEP 1 • 단어 듣고 발음하기 ▶ 054

	발음기호	한국식 발음	미국식 발음
sing	[siŋ]	싱	씽
circle	[sə́ːrkl]	서클	**써**어r클
same	[seim]	세임	쎄임
basic	[béisik]	베이직	**베**이씩
awesome	[ɔ́ːsəm]	오썸	**오**어썸
mess	[mes]	메스	메쓰
race	[reis]	레이스	뤠이쓰
worse	[wəːrs]	워스	워어r쓰

awesome 훌륭한, 최고의   mess 엉망진창   worse 더 나쁜

STEP 2 • 직접 발음하기 단어를 세 번씩 읽은 후 정확한 소리를 들어 보세요. ▶ 055

sing	☐ ☐ ☐	say	☐ ☐ ☐
circle	☐ ☐ ☐	tissue	☐ ☐ ☐
basic	☐ ☐ ☐	history	☐ ☐ ☐
worse	☐ ☐ ☐	spend	☐ ☐ ☐

[s]와 [θ]는 우리말의 'ㅅ'와 유사하게 소리 납니다. 그래서 두 음을 혼동하여 발음하기도 하죠. [s]는 혀가 입 안쪽에 머물러 있고, [θ]는 윗니와 아랫니 사이에 혀끝을 살짝 문 상태에서 발음합니다.

[θ]

spelling **th**

[θ]는 윗니와 아랫니 사이에 혀끝을 가볍게 문 상태에서 소리 냅니다. 입안의 공기를 위아래 양쪽 혀 사이로 새어 나가도록 바람을 불어 소리 내는 것이죠. [θ]는 성대를 울리지 않는 무성음입니다.

STEP 1 • 단어 듣고 발음하기   ▶ 056

	발음기호	한국식 발음	미국식 발음
thin	[θin]	씬	(θ)씬
thirteen	[θə̀ːrtíːn]	써틴	(θ)써어r**티**인
thousand	[θáuzənd]	싸우전드	**(θ)싸**우전ㄷ
think	[θiŋk]	씽크	(θ)씽ㅋ
bathroom	[bǽθrùːm]	배쓰룸	**배**(θ)쓰루움
birth	[bəːrθ]	벌쓰	버어rθ
teeth	[tiːθ]	티쓰	티이θ
strength	[streŋθ]	스트렝쓰	ㅅ뜨뤵θ

birth 출생, 탄생   strength 강점, 장점

STEP 2 • 직접 발음하기   단어를 세 번씩 읽은 후 정확한 소리를 들어 보세요.   ▶ 057

thin	☐ ☐ ☐		Thursday	☐ ☐ ☐	
thousand	☐ ☐ ☐		month	☐ ☐ ☐	
teeth	☐ ☐ ☐		toothpaste	☐ ☐ ☐	
strength	☐ ☐ ☐		birthday	☐ ☐ ☐	

1　　We have only two rolls of **bathroom** tissue left.

tissue의 ss는 [ʃ] 소리가 나요.
[ʃ] 발음은 52쪽에서 학습하세요.

우리에게는 화장실 휴지가 두 개밖에 안 남았어요.

2　　Would it be possible to reschedule the meeting for the **same** time on Thursday?

회의를 목요일 같은 시간으로 다시 잡을 수 있을까요?

3　　Korea has more than five **thousand** years of history.

한국은 5천 년 이상의 역사를 가지고 있습니다.

4　　DOB is date of **birth** in short, and you say it by month, date, and year.

DOB는 생년월일을 줄인 말로 월, 일, 연도 순으로 말합니다.

5　　A lot of people prefer to buy **teeth**-whitening toothpastes.

많은 사람들이 치아 미백 치약 구입을 선호해요.

6　　You can't **mess** up **worse** than that.

그것보다 더 망칠 수는 없어.

7　　When you keep dying your hair, it will get **thinner**, and you will lose hair.

머리 염색을 계속하면 머리카락이 갈수록 가늘어지고 빠질 것입니다.

8　　I want to **circle** back to what I talked about being flexible.

융통성에 대한 이야기로 다시 돌아가 보도록 하죠.

teeth-whitening 치아 미백의　circle back 다시 논의하다　flexible 융통성 있는

---

[s]와 [θ]를 구별하여 말하지 않으면 오해를 살 수 있는 단어들　　　▶ 059

sing [siŋ] 노래하다

sought [sɔːt] 찾았다(seek의 과거형)

sum [sʌm] 합계

mass [mæs] 대량의, 대중적인

gross [grous] 총계, 합계

face [feis] 얼굴

pass [pæs] 합격, 통과

worse [wəːrs] 더 나쁜

thing [θiŋ] (사물을 가리키는) 것

thought [θɔːt] 생각

thumb [θʌm] 엄지손가락

math [mæθ] 수학

growth [grouθ] 성장, 증가

faith [feiθ] 믿음

path [pæθ] 경로, 길

worth [wəːrθ] ~의 가치가 있는

A 잘 듣고 단어의 시작 소리가 [s]인지 [θ]인지 고르세요.

1 [s]   [θ]   2 [s]   [θ]

3 [s]   [θ]   4 [s]   [θ]

5 [s]   [θ]   6 [s]   [θ]

B 잘 듣고 빈칸에 알맞은 철자를 쓰세요.

1 ma __ __ media   2 run a ra __ e

3 a beaten pa __ __   4 a bir __ __ day present

5 gro __ __ income   6 ba __ ic concepts of ma __ __

C 다음 문장을 잘 듣고 괄호 안의 단어 중 알맞은 것을 고르세요.

1 It's off the beaten path, but it's (worse / worth) the detour to avoid traffic.
   인적이 드문 길이지만 교통체증을 피하려면 그쪽으로 돌아갈 만해요.

2 A good rule of (sum / thumb) for saving money is to spend less than what you bring home.
   경험상으로 보았을 때 돈을 모으는 방법은 버는 것보다 덜 쓰는 것입니다.

3 This ring is worth three thousand dollars at (face / faith) value.
   이 반지는 액면가로 3천 달러의 가치가 있습니다.

4 This is a highly (sought / thought)-after area for buyers and investors.
   이곳은 구매자와 투자자들에게 아주 인기 있는 지역입니다.

D 다음 문장을 잘 듣고 빈칸에 들어갈 알맞은 단어를 쓰세요.

1 She wants a new iPhone for her _____ birthday.
   그녀는 열세 살 생일 선물로 새 아이폰을 받고 싶어해요.

2 I've been to Hyde Park, and it was _____ there.
   하이드 파크에 가 봤는데, 거기 정말 좋더라.

3 I love sweet and sour pork. But the sauce makes it all a sticky _____.
   난 탕수육을 좋아하는데, 소스 때문에 온통 끈적거리고 엉망이 돼.

4 This sport demands both speed and _____.
   이 스포츠는 스피드와 힘 모두 요구됩니다.

12

자음 [z] vs. [dʒ]

[z]

spelling z, s

[z]는 혀끝이 윗잇몸에 닿을까 말까 한 상태에서 공기를 내보내어 혀를 진동시키며 내는 소리입니다. 이때 마치 벌이 날갯짓하는 듯한 [즈~] 소리를 냅니다. 철자로는 z뿐만 아니라 s도 **[z]** 소리를 내는 경우가 있습니다.

STEP 1 • 단어 듣고 발음하기　　　　　　　　　　　　　　　　　　▶ 061

	발음기호	한국식 발음	미국식 발음
zeal	[ziːl]	질	지얼
zesty	[zésti]	제스티	**제**스티
cozy	[kóuzi]	코지	**코**우지
razor	[réizər]	레이저	**뤠**이저r
has	[hæz]	해즈	해ㅈ
please	[pliːz]	플리즈	플리이ㅈ
optimize	[áːptəmàiz]	옵티마이즈	**아**앞터마이ㅈ
recognize	[rékəgnàiz]	레코그나이즈	**뤠**컥나이ㅈ

zeal 열의, 열정　zesty 풍미가 강한　optimize 최적화하다　recognize 인정하다, 승인하다

STEP 2 • 직접 발음하기　단어를 세 번씩 읽은 후 정확한 소리를 들어 보세요.　　　　▶ 062

zesty	☐ ☐ ☐		supervisor	☐ ☐ ☐
cozy	☐ ☐ ☐		employees	☐ ☐ ☐
please	☐ ☐ ☐		zone	☐ ☐ ☐
recognize	☐ ☐ ☐		fuzzy	☐ ☐ ☐

[z]는 우리말의 'ㅈ'와는 달리 공기 진동이 더 강하게 나는 소리이고, [dʒ]는 우리말의 'ㅈ'보다 입술을 내밀어 '우' 하는 입 모양으로 하여 발음합니다.

[dʒ]는 입술을 '우' 하고 살짝 앞으로 내민 상태에서 발음하는데, 혀끝을 윗니 바로 뒤의 잇몸에 대었다가 힘껏 떼면서 [(읃)쥐] 하고 소리 냅니다. [dʒ]를 발음할 때는 혀를 입천장에서 억지로 밀어내서 힘이 많이 들어갑니다. 철자로는 g, j, dg, dj 등으로 표기될 때 [dʒ]로 발음됩니다.

spelling
g, j, dg, dj

STEP 1 • 단어 듣고 발음하기　　　　　　　　　　　　　　　　　　　▶ 063

	발음기호	한국식 발음	미국식 발음
gel	[dʒel]	젤	(읃)젤
genuine	[dʒénjuin]	제뉴인	(읃)쮀뉴인
judge	[dʒʌdʒ]	저지	(읃)쥗쥬
adjust	[ədʒʌ́st]	어저스트	얻쥐스ㅌ
budget	[bʌ́dʒit]	버짓	벋쥗
acknowledge	[əknáːlidʒ]	어크날리지	억나알릳쥬
edgy	[édʒi]	엣지	엗쥐
blockage	[bláːkidʒ]	블라키지	블라아킫쥬

gel 젤, 손발이 잘 맞다　genuine 진짜의, (사람이) 진실한　adjust 조정하다　acknowledge 인정하다, 받았음을 알리다
edgy 신경이 날카로운　blockage (흐름을) 막는 것, 장애(물)

STEP 2 • 직접 발음하기　단어를 세 번씩 읽은 후 정확한 소리를 들어 보세요.　　　　▶ 064

gel	job
adjust	lodging
budget	knowledge
blockage	bridge

1   Her doctor found a **blockage** toward her heart in the X-ray.
그녀의 의사는 엑스레이에서 그녀의 심장 쪽으로 막힌 곳을 찾아냈습니다.

2   Justin showed **genuine** interest in our job offer.
저스틴은 우리가 제의한 일자리에 진심으로 관심을 보였어요.

3   My supervisor **acknowledged** my request to telework at home.
상사가 재택근무 신청을 승인해 주었어요.

4   I find kimchi is **zesty**; it is spicy and flavorful and **has** a fiery kick.
김치는 풍미가 강한 음식인 것 같아요. 맵고 맛이 좋은 데다가 얼얼한 맛이 있더라고요.

5   The apartment is **cozy** and close to work, and the rent is within our **budget**.
그 아파트는 아늑하고, 직장과 가깝고, 집세도 우리 예산 범위 내에 있어요.

6   I couldn't **recognize** her voice until I **adjusted** the volume on my phone.
휴대폰 음량을 조절하고 나니까 그녀의 목소리를 알아들을 수 있더라고요.

7   We didn't **gel** as a group at first, but we began to **gel** once we got to know one another.
우리는 처음에는 한 팀으로 손발이 안 맞았지만, 서로를 알게 되자 손발이 맞기 시작했어요.

8   Don't forget to make a **budget** for the cost of transportation and lodging.
교통비와 숙박비 예산 짜는 것을 잊지 마세요.

flavorful 맛있는   have a fiery kick 맵고 자극적인 맛이 있다   lodging 숙박, 숙소

[z]와 [dʒ]를 구별하여 말하지 않으면 오해를 살 수 있는 단어들

zone [zoun] 지역, 구역

buzz [bʌz] 윙윙거리다

breezy [bríːzi] 바람이 잘 통하는

eggs [egz] egg(달걀)의 복수형

fuzzy [fʌzi] 솜털이 보송보송한, 곱슬곱슬한

John [dʒɑːn] 존(남자 이름)

budge [bʌdʒ] 조금 움직이다

bridge [bridʒ] 다리

edge [edʒ] 모서리

fudge [fʌdʒ] 퍼지(설탕, 버터, 우유로 만든 연한 사탕)

A 잘 듣고 보기 중 제시된 단어를 올바르게 발음한 것을 고르세요.

1 adjust   ⓐ ⓑ ⓒ   2 cozy   ⓐ ⓑ ⓒ

3 budget   ⓐ ⓑ ⓒ   4 razor   ⓐ ⓑ ⓒ

5 please   ⓐ ⓑ ⓒ   6 bridge   ⓐ ⓑ ⓒ

B 잘 듣고 빈칸에 알맞은 철자를 쓰세요.

1 __ u __ ge by appearances   2 a __ __ ust the seat

3 recogni __ e achievements   4 a __ enuine diamond

5 ra __ or blades   6 knowled __ e is power

C 다음 문장을 잘 듣고 괄호 안의 단어 중 알맞은 것을 고르세요.

1 We should not (zesty / judge) people by their appearances.
겉모습만 보고 사람을 판단해서는 안 됩니다.

2 Once the IT team (optimizes / upsides) the system, we can shorten the response time by 24 hours.
IT팀이 시스템을 최적화하면 응답 시간을 24시간 단축할 수 있습니다.

3 You can (adjust / recognize) the seat by using the leverage under the seat.
의자 아래의 레버를 사용해서 좌석을 조정할 수 있어요.

4 This is a no-parking (John / zone). You should move your car.
여기는 주차 금지 구역이에요. 차를 이동하셔야 합니다.

D 다음 문장을 잘 듣고 빈칸에 들어갈 알맞은 단어를 쓰세요.

1 Because he is very _____ and caring, everybody loves him.
그는 매우 진실되고 다정해서 모든 사람이 그를 좋아해요.

2 Please _____ receipt of this email.
이 이메일을 받으시면 알려 주세요.

3 She is a nice dog but can be _____ and get aggressive at times.
걔는 착한 개지만, 예민하고 때로는 사납기도 해요.

4 The room looks neat and _____.
그 방은 깨끗하고 아늑해 보여요.

EXERCISE

A 잘 듣고 보기 중 어느 단어를 발음한 것인지 고르세요.

1 ⓐ van   ⓑ fan   ⓒ pan

2 ⓐ cheap   ⓑ chief   ⓒ chef

3 ⓐ glamour   ⓑ grandma   ⓒ grammar

4 ⓐ breather   ⓑ bread   ⓒ bother

5 ⓐ vase   ⓑ base   ⓒ Basel

6 ⓐ cartoons   ⓑ categorize   ⓒ cartridge

B 잘 듣고 들리는 단어를 쓰세요.

1 _____   2 _____

3 _____   4 _____

5 _____   6 _____

7 _____   8 _____

C 다음 어구를 잘 듣고 빈칸을 채우세요.

1 off the beaten _____   2 cancel _____

3 take a _____   4 on a tight _____

5 stop _____   6 weather _____

7 online _____   8 a nice _____

D 다음 문장을 잘 듣고 빈칸을 채우세요.

1 The Blue House was _____ opened to the public after much
   fanfare and criticism.
   대대적인 광고와 비판 끝에 마침내 청와대가 대중에게 공개되었습니다.

2 There are two different _____ accents in Korean: southeast and
   southwest.
   한국어에는 두 개의 다른 남부 사투리가 있는데요, 동남 방언과 서남 방언입니다.

3 Instead of the number four, they use F as in _____ to mark the
   _____ floor.
   4층을 표시하기 위해 그들은 숫자 4 대신 F를 사용합니다.

4 My _____ is a very nice person, but she can get _____ at
   times.
   우리 어머니는 좋은 분이지만 가끔 예민해지세요.

5 Get _____ of these books. You don't read them. They are
   _____ dust.
   이 책들 치워. 읽지도 않잖아. 먼지만 쌓이고 있어.

6 I'd like to _____ your office around _____ o'clock.
   12시쯤 당신의 사무실을 방문하고 싶습니다.

7 My son is preparing for the _____ exam to be a _____.
   우리 아들은 판사가 되려고 사법고시를 준비하고 있어요.

8 _____ after the pandemic made things _____. Prices
   went up and are still going up.
   팬데믹 이후 물가 상승 때문에 상황이 더 어려워졌어요. 물가가 올랐는데도 여전히 오르고 있어요.

13

자음 [ʃ]

spelling **sh**

[ʃ]를 발음하려면 먼저 입술을 우리말 '쉿!' 하는 모양으로 둥글게 오므립니다. 그리고 나서 혀끝을 아랫니 밑의 잇몸까지 내리고 [쉬] 하고 바람을 내뿜으며 소리 냅니다. 이때 혀의 양 측면은 입천장과 잇몸이 시작되는 경계선 즈음에 닿을 듯 말 듯한 상태가 되어야 합니다.

STEP 1 • 단어 듣고 발음하기   ● 069

	발음기호	한국식 발음	미국식 발음
shy	[ʃai]	샤이	샤이
shame	[ʃeim]	쉐임	셰임
shampoo	[ʃæmpúː]	샴푸	샘**푸**우
milkshake	[mílkʃeik]	밀크쉐이크	**미**을ㅋ셰익
fashion	[fǽʃən]	패션	(f)패션
friendship	[fréndʃip]	프렌드쉽	(f)ㅍ**뤤**ㄷ쉽
accomplish	[əkʌ́mpliʃ]	어컴플리쉬	어**컴**플리쉬
sluggish	[slʌ́giʃ]	슬러기쉬	슬**러**기쉬

shame 부끄러움, 수치심   accomplish 해내다, 성취하다   sluggish 나른한, 느린

STEP 2 • 직접 발음하기 단어를 세 번씩 읽은 후 정확한 소리를 들어 보세요.   ● 070

shy	☐ ☐ ☐	share	☐ ☐ ☐
shampoo	☐ ☐ ☐	shopping	☐ ☐ ☐
fashion	☐ ☐ ☐	shoulder	☐ ☐ ☐
accomplish	☐ ☐ ☐	relationship	☐ ☐ ☐

1   Instead of **shampoo**, just rinse your hair with water or conditioner.
　　　샴푸 대신 물이나 린스로 머리를 헹궈 내기만 하세요.

2   She has great taste in **fashion**.
　　　그녀는 패션 쪽으로 탁월한 안목이 있습니다.

3   Honestly, I don't believe in **friendship** between a man and a woman.
　　　솔직히 나는 남자와 여자 사이의 우정을 믿지 않아.

4   I felt heavy and **sluggish** after having the big meal like that.
　　　그렇게 푸짐한 식사를 하고 났더니 몸이 무겁고 나른해지더라고요.

5   I tend to binge on **milkshakes** in the summer.
　　　나는 여름에 밀크셰이크를 폭식하는 경향이 있어.

have great taste in ~에 대한 안목이 좋다   **binge** 폭식하다

✅ CHECK-UP　　　　　　　　　　　　　　　　　　　　　　● 072

A   잘 듣고 보기 중 [ʃ] 소리가 들어 있지 <u>않은</u> 단어를 고르세요.

1   ⓐ　　ⓑ　　ⓒ　　　　　2   ⓐ　　ⓑ　　ⓒ

3   ⓐ　　ⓑ　　ⓒ　　　　　4   ⓐ　　ⓑ　　ⓒ

B   다음 문장을 잘 듣고 빈칸에 들어갈 알맞은 단어를 쓰세요.

1   It is not a ＿＿＿＿＿＿ to learn from younger people.
　　　젊은 사람들에게 배우는 것은 부끄러운 일이 아닙니다.

2   We will ＿＿＿＿＿＿ this task as a team.
　　　우리는 팀으로 이 일을 수행할 것입니다.

3   I was too ＿＿＿＿＿＿ to ask for help.
　　　전 수줍음이 굉장히 많아서 도와달라고 하지 못했어요.

4   The car felt ＿＿＿＿＿＿ when I drove up the hill.
　　　언덕 올라갈 때 차가 속도를 못 내더라고요.

[ʒ]

spelling **s, g**

[ʒ]는 [ʃ]를 발음할 때와 동일하게 혀의 양 측면이 입천장과 잇몸이 시작되는 경계선 즈음에 닿을 듯 말 듯한 상태에서 발음합니다. 이 상태에서 턱의 힘을 풀면서 [쥬] 하고 호흡을 내보내어 소리 내죠. [ʃ]와 [ʒ]는 혀의 위치나 발음 방법은 동일하지만, [ʒ]는 성대를 울려서 소리 낸다는 차이가 있습니다.

STEP 1 • 단어 듣고 발음하기 ▶ 073

	발음기호	한국식 발음	미국식 발음
casual	[kǽʒuəl]	캐주얼	**캐**쥬얼
usual	[júːʒuəl]	유주얼	**유**우쥬얼
decision	[disíʒən]	디시전	디**씨**줜
vision	[víʒən]	비전	(v)비줜
measure	[méʒər]	메저	**메**줘r
leisure	[líːʒər]	레저	**리**이줘r
beige	[beiʒ]	베이지	베이쥬
massage	[məsáːʒ]	마사지	머**싸**아쥬

usual 평상시의, 흔히 하는 vision 시력, 시각 measure 측정하다, (꽤 많은) 양, 정도 leisure 여가, 레저

STEP 2 • 직접 발음하기 단어를 세 번씩 읽은 후 정확한 소리를 들어 보세요. ▶ 074

leisure	☐ ☐ ☐	visual ☐ ☐ ☐
decision	☐ ☐ ☐	usually ☐ ☐ ☐
measure	☐ ☐ ☐	pleasure ☐ ☐ ☐
beige	☐ ☐ ☐	closure ☐ ☐ ☐

1 I can't make the **decision** for you.
   내가 너를 대신해서 결정을 내릴 수는 없어.

2 How do you spend your **leisure** time?
   여가 시간을 어떻게 보내십니까?

3 As **usual**, he couldn't say no to my request.
   여느 때처럼 그는 내 부탁을 거절하지 못했어요.

4 These pictures were taken with a night-**vision** device.
   이 사진들은 야간 촬상 장치로 찍은 거었어요.

5 You should **measure** accurately by using a **measuring** tape.
   줄자를 사용해서 정확하게 측정하도록 하세요.

night-vision device 야간 촬상 장치(불빛이 없는 야간에 조명 없이 촬영할 수 있는 렌즈가 구비된 장치) accurately 정확하게
measuring tape 줄자

✅ CHECK-UP ▶ 076

A 잘 듣고 보기 중 제시된 단어를 올바르게 발음한 것을 고르세요.

1 beige   ⓐ   ⓑ   2 vision   ⓐ   ⓑ

3 massage   ⓐ   ⓑ   4 usual   ⓐ   ⓑ

B 다음 문장을 잘 듣고 빈칸에 들어갈 알맞은 단어를 쓰세요.

1 The dress code here is business _____ except on Fridays.
   여기 복장 규정은 금요일을 제외하고는 비즈니스 캐주얼입니다.

2 He was not accepted for military service because of his poor

   _____. 그는 시력이 안 좋아서 군 입대를 못했어요.

3 My parents' opinion does not affect my career _____.
   부모님의 의견이 내 진로 결정에 영향을 주지는 않아.

4 My mother packed a couple of sandwiches for good _____.
   우리 어머니가 샌드위치 두어 개를 넉넉하게 싸 주셨어요.

15

자음 [tʃ]

[tʃ]
spelling **ch**

[tʃ]는 입 모양이나 혀의 위치가 앞에서 배운 [dʒ] 발음 요령과 동일합니다. 혀끝을 윗니 바로 뒤의 잇몸에 대었다가 [(은)츄] 하고 공기를 세게 터뜨려 발음합니다. 이 때 성대를 울리지 않는 무성음이 되어야 합니다. 마치 재채기가 터져 나올 때와 같은 소리죠. 공기를 차단했다가 매우 강하게 터뜨려서 마찰이 심하게 일어납니다.

STEP 1 • 단어 듣고 발음하기　　　　　　　　　　　　　　▶ 077

	발음기호	한국식 발음	미국식 발음
cheese	[tʃiːz]	치즈	취이ㅈ
chewy	[tʃúːi]	츄이	**츄**우이
childlike	[tʃáildlàik]	차일드라이크	**촤**일들라잌
ketchup	[kétʃəp]	케첩	**케**춮
purchase	[pə́ːrtʃəs]	퍼춰스	**퍼**어r춰ㅆ
couch	[kautʃ]	카우치	카우츄
lunch	[lʌntʃ]	런치	런츄
touch	[tʌtʃ]	터치	터츄

chewy 쫀득쫀득한　childlike 아이 같은, 순진한　purchase 구입, 구매하다　couch 긴 의자, 소파

STEP 2 • 직접 발음하기 단어를 세 번씩 읽은 후 정확한 소리를 들어 보세요.　　　▶ 078

cheese	☐ ☐ ☐	sandwich	☐ ☐ ☐
chewy	☐ ☐ ☐	kitchen	☐ ☐ ☐
purchase	☐ ☐ ☐	watch	☐ ☐ ☐
couch	☐ ☐ ☐	children	☐ ☐ ☐

1 I ate a bit of a **cheese** sandwich for **lunch**.
저는 점심으로 치즈 샌드위치를 조금 먹었어요.

2 You don't have to push it that hard. Just gently **touch** it.
그렇게 세게 누를 필요 없어요. 그냥 부드럽게 대기만 하세요.

3 I'm pretty sure that you will be satisfied with your **purchase**.
구매에 만족하시리라 확신합니다.

4 Sometimes I just want to sit on the **couch**
and watch TV all day long.
가끔은 소파에 앉아서 하루 종일 TV만 보고 싶을 때가 있어요.

5 Do we have any tomato **ketchup** in the fridge?
냉장고에 토마토 케첩이 있나?

gently 부드럽게, 약하게   all day long 하루 종일   fridge 냉장고

✅ CHECK-UP ● 080

A 잘 듣고 보기 중 [ʧ] 소리가 들어 있지 <u>않은</u> 단어를 고르세요.

1 ⓐ   ⓑ   ⓒ   2 ⓐ   ⓑ   ⓒ

3 ⓐ   ⓑ   ⓒ   4 ⓐ   ⓑ   ⓒ

B 다음 문장을 잘 듣고 빈칸에 들어갈 알맞은 단어를 쓰세요.

1 She has a _____ simplicity.
그녀는 어린애처럼 천진난만해요.

2 Good rice cakes are soft and _____.
잘 만들어진 떡은 부드럽고 쫀득쫀득해요.

3 Please make sure to _____ your tickets in advance.
꼭 미리 티켓을 구매하세요.

4 They were sitting together on the _____.
그들은 소파에 함께 앉아 있었어요.

16

자음 [ŋ]

spelling ng

[ŋ]은 우리말의 받침 'ㅇ'과 발음이 매우 흡사합니다. 혀 뒷부분을 입천장 안쪽에 대고 [응] 하고 성대를 울려 발음합니다. 깊은 곳에서 공기를 내보내기 때문에, [ŋ]을 발음할 때 콧등에서 공기의 진동이 세게 느껴질 수 있습니다.

STEP 1 • 단어 듣고 발음하기   ▶ 081

	발음기호	한국식 발음	미국식 발음
song	[sɔːŋ]	쏭	쏘엉
aging	[éidʒiŋ]	에이징	에읻쥥
booking	[búkiŋ]	부킹	부킹
hanger	[hǽŋər]	행거	행어r
landing	[lǽndiŋ]	랜딩	랜딩
parking	[páːrkiŋ]	파킹	파아r킹
ranking	[rǽŋkiŋ]	랭킹	뤵킹
working	[wə́ːrkiŋ]	워킹	워어r킹

aging 노화   hanger 옷걸이   landing 착륙   ranking 순위, 랭킹

STEP 2 • 직접 발음하기   단어를 세 번씩 읽은 후 정확한 소리를 들어 보세요.   ▶ 082

aging	☐ ☐ ☐	meeting	☐ ☐ ☐
hanger	☐ ☐ ☐	singer	☐ ☐ ☐
ranking	☐ ☐ ☐	building	☐ ☐ ☐
working	☐ ☐ ☐	strongly	☐ ☐ ☐

1 **Parking** spaces are limited, so please come early.
주차 공간이 한정되어 있으니 일찍 와 주세요.

2 Early **booking** is strongly recommended as well.
조기 예약도 적극 권장합니다.

3 A high-**ranking** government official will be present at the meeting next week. 다음 주 회의에는 정부 고위 관계자가 참석할 예정입니다.

4 My refrigerator is in **working** condition, but it has some issues.
제 냉장고가 작동은 되는데 문제가 좀 있어요.

> refrigerator의 g는 [dʒ] 소리가 나요.
> [dʒ] 발음은 47쪽 참고

5 For many, weight gain is a part of **aging**.
많은 사람들의 경우, 체중 증가는 노화 현상의 일부라고 볼 수 있어요.

limited 제한된, 한정된   high-ranking 고위의   be present at ~에 참석하다

✔ CHECK-UP ▶ 084

A 잘 듣고 보기 중 제시된 단어를 올바르게 발음한 것을 고르세요.

1 building ⓐ ⓑ   2 singer ⓐ ⓑ

3 parking ⓐ ⓑ   4 aging ⓐ ⓑ

B 다음 문장을 잘 듣고 빈칸에 들어갈 알맞은 단어를 쓰세요.

1 The _____ is difficult for me to sing.
그 노래는 내가 부르기 어려워.

2 I put all my clothes on _____ in the closet.
나는 옷장의 옷걸이에 내 옷을 모두 걸어 놓았어요.

3 The plane made a nice and smooth _____.
그 비행기는 아주 순조롭게 착륙했어요.

4 His baseball team's _____ dropped from number 1 to number 9.
그의 야구팀 순위는 1위에서 9위로 떨어졌습니다.

17

자음 [w]

spelling **w, wh**

[w]는 자음의 모습을 하고 있지만 모음 소리가 난다고 하여 반모음이라고 부릅니다. 입술을 동그랗게 만든 상태에서 [우] 하고 발음하는데, 뒤에 오는 모음과 결합해 완전한 소리를 만듭니다. 철자 w뿐만 아니라 wh도 h가 묵음이 되어 [w]로 발음됩니다. 하지만 who, whose, whom의 경우에는 wh가 [h]로 소리 납니다.

STEP 1 • 단어 듣고 발음하기　　　　　　　　　　　　　　　　　　　　○ 085

	발음기호	한국식 발음	미국식 발음
way	[wei]	웨이	웨이
wet	[wet]	웨트	웹
weekend	[wíːkend]	위켄드	**위**이켄ㄷ
white	[wait]	화이트	와잍
why	[wai]	와이	와이
always	[ɔ́ːlweiz]	올웨이즈	**오**얼웨이즈
sweep	[swiːp]	스윕	ㅅ위잎
sandwich	[sǽndwitʃ]	샌드위치	**쌘**ㄷ위츄

sweep (빗자루로) 쓸다

STEP 2 • **직접 발음하기** 단어를 세 번씩 읽은 후 정확한 소리를 들어 보세요.　　○ 086

way	☐ ☐ ☐	well	☐ ☐ ☐
weekend	☐ ☐ ☐	world	☐ ☐ ☐
white	☐ ☐ ☐	where	☐ ☐ ☐
sweep	☐ ☐ ☐	woman	☐ ☐ ☐

1 Aunt Dolly used to make us cakes and cookies on **weekends**.
달리 숙모는 주말마다 우리에게 케이크와 쿠키를 만들어 주시곤 했어요.

2 You're **always** making excuses for being late.
넌 항상 지각하는 것에 대해 변명을 하잖아.

3 The ground is still **wet** from the rain during the night.
밤새 내린 비로 땅이 아직 축축이 젖어 있어요.

4 Could you stop by the mart on your **way** home?
집에 오는 길에 마트에 좀 들러 줄래?

5 **Why** don't we all go out for a drive?
우리 모두 드라이브 하러 나가는 게 어때요?

make excuses for ~에 대해 변명을 하다   stop by ~에 들르다

✔ CHECK-UP

▶ 088

A 잘 듣고 보기 중 [w] 소리가 들어 있지 <u>않은</u> 단어를 고르세요.

1 ⓐ   ⓑ   ⓒ   2 ⓐ   ⓑ   ⓒ

3 ⓐ   ⓑ   ⓒ   4 ⓐ   ⓑ   ⓒ

B 다음 문장을 잘 듣고 빈칸에 들어갈 알맞은 단어를 쓰세요.

1 I don't know _____ you didn't tell me about it.
네가 왜 나한테 그것에 대해 말하지 않았는지 모르겠어.

2 After the festival, volunteers started to _____ the street.
축제가 끝난 후에 자원봉사자들은 거리를 쓸기 시작했다.

3 You can _____ count on Walter because he is reliable.
월터는 믿음직스러워서 언제나 의지가 돼.

4 We're going to go to a park this _____.
우리는 이번 주말에 공원에 갈 거예요.

spelling y

[j]도 [w]와 마찬가지로 반모음이라고 부릅니다. [w]처럼 [j]도 뒤에 나오는 모음과 연결하여 발음합니다. [j]는 우리말의 '이' 소리와 유사한데요, 뒤에 나오는 모음에 따라 [(이)야], [(이)예)], [(이)유] 등으로 발음됩니다.

STEP 1 • 단어 듣고 발음하기 ▶ 089

	발음기호	한국식 발음	미국식 발음
yard	[jɑːrd]	야드	야아ㄹㄷ
yellow	[jélou]	옐로우	**옐**로우
youth	[juːθ]	유스	유우θ
yesterday	[jéstərdèi]	예스터데이	**예**스터r데이
yet	[jet]	옛	옡
young	[jʌŋ]	영	영
yourself	[juərsélf]	유어셀프	유어r**쎌**f
beyond	[bijáːnd]	비욘드	비**야**안ㄷ

youth 젊음, 청춘(기)   yet (부정문, 의문문에서) 아직   beyond ~너머

STEP 2 • 직접 발음하기 단어를 세 번씩 읽은 후 정확한 소리를 들어 보세요. ▶ 090

yard	☐☐☐		yes	☐☐☐
youth	☐☐☐		yacht	☐☐☐
young	☐☐☐		yogurt	☐☐☐
beyond	☐☐☐		year	☐☐☐

1   Chris and I held a **yard** sale last weekend.
크리스와 나는 지난 주말에 중고품 판매를 했어요.

2   I'd like to buy this scarf. It would go with my **yellow** dress.
이 스카프를 사고 싶어요. 제 노란 원피스랑 잘 어울릴 것 같아요.

3   The ship vanished **beyond** the horizon.
그 배는 수평선 너머로 사라졌다.

4   I used to cry a lot when I was **young**.
나는 어렸을 때 많이 울었어요.

> cry처럼 y가 단어 맨 끝에 오면 [ai] 하고 모음 소리가 나기도 해요.

5   Don't force **yourself**. You eat too much.
무리하지 마. 너 너무 많이 먹고 있어.

yard sale 야드 세일(개인 주택의 마당에서 쓰던 물건을 파는 것)   vanish 사라지다   horizon 수평선

✔ CHECK-UP ▶ 092

A   잘 듣고 보기 중 제시된 단어를 올바르게 발음한 것을 고르세요.

1   yacht   ⓐ   ⓑ   2   yes   ⓐ   ⓑ

3   yesterday   ⓐ   ⓑ   4   yellow   ⓐ   ⓑ

B   다음 문장을 잘 듣고 빈칸에 들어갈 알맞은 단어를 쓰세요.

1   Jimmy got into a lot of trouble in his _____.
지미는 젊은 시절 고생을 많이 했습니다.

2   Annie is crossing an empty school _____.
애니는 텅 빈 학교 운동장을 가로질러 가고 있다.

3   I was surprised to find out he is ten years _____ than me.
그가 나보다 10살 어리다는 걸 알고 놀랐어.

4   I haven't decided where to go for a vacation _____.
휴가를 어디로 갈지 아직 못 정했어요.

EXERCISE

A 잘 듣고 보기 중 어느 단어를 발음한 것인지 고르세요.

1 ⓐ here ⓑ where ⓒ always

2 ⓐ closure ⓑ champion ⓒ character

3 ⓐ establish ⓑ especially ⓒ interesting

4 ⓐ wasteful ⓑ youthful ⓒ yesterday

5 ⓐ spinach ⓑ setup ⓒ Spanish

6 ⓐ busy ⓑ visual ⓒ pigeon

B 잘 듣고 들리는 단어를 쓰세요.

1 _____ 2 _____

3 _____ 4 _____

5 _____ 6 _____

7 _____ 8 _____

C 다음 어구를 잘 듣고 빈칸을 채우세요.

1 a _____ friendship 2 strong _____

3 _____ economy 4 _____ making

5 grocery _____ 6 many young _____

7 a space-age _____ 8 massage your _____

D 다음 문장을 잘 듣고 빈칸을 채우세요.

1 It's been a _____ working with you.
당신과 일하게 되어서 즐거웠어요.

2 Let's try _____ new on the menu today.
오늘은 새로운 메뉴를 시도해 보자.

3 This map _____ all the airport locations in Asia.
이 지도는 아시아에 있는 모든 공항의 위치를 보여 줍니다.

4 I _____ wake up early in the _____ and eat a light

breakfast.
저는 보통 아침에 일찍 일어나서 가볍게 아침 식사를 해요.

5 Who's that _____ _____ over there in the corner?
저기 구석에 서 있는 저 여자분은 누구시니?

6 _____ is a good example of _____-building skills.
잘 들어 주는 것은 관계 형성 기술의 좋은 예입니다.

7 Please hide _____ presents before the _____ come in.
아이들이 오기 전에 당신의 선물을 숨기세요.

8 I fell asleep with the _____ open _____.
나 어제 창문을 열어 놓고 잠이 들었어.

PART

2

영어 발음 기본 원리

모음

영어에서 모음은 a, e, i, o, u 이렇게 다섯 가지로 표기되지만, 각각의 모음은 여러 개의 소리를 가지고 있습니다. 우리말과는 달리, 영어는 소리가 긴 모음(장모음)과 짧은 모음(단모음)의 구분이 명확합니다. 장모음인지 단모음인지에 따라서 단어의 뜻이 달라지죠. 따라서 길고 짧은 소리를 분명히 구분해서 발음해야 합니다. 예를 들어 deep/dip, eat/it과 같은 단어들은 거의 비슷하게 들리지만, 이들의 정확한 발음은 분명히 다릅니다.

영어 모음을 정확하게 구사하려면 입과 턱을 크게 벌리고 위아래로 많이 움직여 주어야 합니다. 마치 엿가락이 늘어지는 듯한 느낌으로 음절과 음절을 부드럽게 연결시키는 것이죠.

강세를 받지 않는 모음은 '어'나 '으' 정도로 소리가 약화되기도 합니다. 빠른 속도로 말하는 경우에는 이따금 모음 소리가 생략되기도 하죠. 영어 리스닝에 능숙해지려면 약화되는 모음 소리에도 적응해야 합니다. 모음 발음의 특징에 유의하여 각각의 모음 발음을 확실히 익혀 봅시다.

01

모음 a [ɑː]

[ɑː]는 입을 위아래로 크게 벌리고 목청 깊은 곳으로부터 공기를 밀어내며 [아–] 하고 발음합니다. 보통 art처럼 a 바로 다음에 r이 나올 때 a가 [아]로 소리 나는 경우가 많습니다. 이때 미국인들은 [아–r] 하고 혀를 많이 굴려서 발음하고, 영국인들은 r을 발음하지 않는 대신 [아–] 하고 모음을 길게 끌어서 발음하는 경향이 있습니다.

STEP 1 • 단어 듣고 발음하기 ▶ 094

	발음기호	한국식 발음	미국식 발음
art	[ɑːrt]	아트	아–rㅌ
army	[áːrmi]	아미	**아**–r미
market	[máːrkit]	마켓	**마**아r킽
pharmacy	[fáːrməsi]	파머시	(f)**파**아r머씨
smart	[smɑːrt]	스마트	스마아rㅌ
large	[lɑːrdʒ]	라지	라아r쥬
heart	[hɑːrt]	하트	하아rㅌ
articulate	[ɑːrtíkjulət]	아티큘럿	아–r**티**큘럳

pharmacy 약국   articulate (생각을) 잘 표현하는, (생각을) 명료하게 표현하다 *동사일 때 발음기호는 [ɑːrtíkjulèit]

STEP 2 • 직접 발음하기 단어를 세 번씩 읽은 후 정확한 소리를 들어 보세요. ▶ 095

army	☐ ☐ ☐		car	☐ ☐ ☐	
pharmacy	☐ ☐ ☐		start	☐ ☐ ☐	
large	☐ ☐ ☐		charge	☐ ☐ ☐	
articulate	☐ ☐ ☐		quantity	☐ ☐ ☐	

1   Arthur is so **smart** that he can do math without a calculator.
아서는 아주 똑똑해서 계산기 없이도 계산을 하더라고요.

2   My cousin is an **art** major, and she is a great painter.
제 사촌은 미술 전공자인데다가 훌륭한 화가예요.

3   Traditional **markets** were replaced by big-box stores like Costco
and Sam's Club.
전통 시장은 코스트코와 샘스클럽 같은 대형 할인점으로 대체되었어요.

> traditional은 -di-에 강세가 와요.
> 따라서 강세를 받지 않는 tra-와 -nal
> 의 a는 약화되어 거의 들리지 않아요.

4   If you consume it in **large** quantities,
it will be poisonous.
그걸 다량으로 섭취하면 독이 되어 해로울 수 있어요.

5   He was very **articulate** during his presentation.
그는 생각을 매우 또렷하게 발표했어요.

replace 대신하다, 대체하다   **big-box store** (주로 교외에 있는) 대형 할인점   **in large quantities** 대량으로, 다량으로

✔ CHECK-UP

● 097

A   잘 듣고 보기 중 제시된 단어를 올바르게 발음한 것을 고르세요.

1   art   ⓐ ⓑ ⓒ   2   large   ⓐ ⓑ ⓒ

3   market   ⓐ ⓑ ⓒ   4   heart   ⓐ ⓑ ⓒ

B   다음 문장을 잘 듣고 빈칸에 들어갈 알맞은 단어를 쓰세요.

1   You look very _____ in your new suit.
새 정장을 입으니까 아주 세련돼 보여.

2   She struggled to _____ what had happened to her before the car
accident.
그녀는 자동차 사고가 일어나기 전 무슨 일이 있었는지 명확하게 표현하려고 애썼어요.

3   My son enrolled in the ROTC program to become an _____ officer.
제 아들은 육군 장교가 되려고 ROTC 프로그램에 등록했어요.

4   Here is your prescription. Bring it to the _____ downstairs.
여기 처방전이 있습니다. 아래층 약국으로 가져 가세요.

02

모음 a [æ]

[æ]는 입을 양옆으로 힘있게 벌려서 [애] 하고 발음합니다. 립스틱을 바를 때처럼 입술을 양옆으로 팽팽하게 쫙 펴 주는 것이지요. 그래야 우리가 [에]라고 발음하는 [e]와 구별되게 발음할 수 있습니다.

STEP 1 • 단어 듣고 발음하기　　　　　　　　　　　　　○ 098

	발음기호	한국식 발음	미국식 발음
apple	[ǽpl]	애플	**애**플
ask	[æsk]	애스크	애스ㅋ
actually	[ǽktʃuəli]	액츄얼리	**액**츄얼리
land	[lænd]	랜드	랜ㄷ
snack	[snæk]	스낵	ㅅ낵
mad	[mæd]	매드	맫
thank	[θæŋk]	땡크	(θ)쌩ㅋ
family	[fǽməli]	패밀리	(f)패밀리

actually 실제로, 사실은　mad 화난

STEP 2 • 직접 발음하기　단어를 세 번씩 읽은 후 정확한 소리를 들어 보세요.　　○ 099

ask	☐ ☐ ☐	grab	☐ ☐ ☐
thank	☐ ☐ ☐	bad	☐ ☐ ☐
actually	☐ ☐ ☐	fancy	☐ ☐ ☐
mad	☐ ☐ ☐	average	☐ ☐ ☐

1 She is the third child in the **family**.
그녀는 그 집안에서 셋째예요.

2 Let's take a break to grab a quick **snack**.
잠시 쉬면서 간식을 가볍게 먹도록 합시다.

> quick의 qui는 [크위]를
> 빠르게 소리 내면 돼요.

3 She is not **mad** at you. Maybe she's just in a bad mood.
그녀는 너한테 화난 게 아니야. 아마도 그냥 기분이 안 좋아서 그런 것 같아.

4 **Thank** you for all your kindness.
여러모로 친절하게 대해 주셔서 감사합니다.

5 How does it **actually** work?
그것은 실제로 어떻게 작동되는 건가요?

> actually의 t는
> [츄]로 소리 나요.

take a break 잠시 휴식을 취하다 **grab a snack** 간식을 먹다 **be in a bad mood** 기분이 안 좋다

✅ CHECK-UP

A 잘 듣고 보기 중 [æ] 소리가 들어간 단어를 고르세요.

1 ⓐ land ⓑ lane   2 ⓐ assist ⓑ ask

3 ⓐ made ⓑ mad   4 ⓐ apple ⓑ April

B 다음 문장을 잘 듣고 빈칸에 들어갈 알맞은 단어를 쓰세요.

1 You can choose your friends, but you can't choose your _____.
친구는 선택할 수 있지만 가족은 선택할 수 없습니다.

2 You should write and _____ them for the present.
그 선물에 대해 그분들께 감사 편지를 쓰는 게 좋겠어요.

3 Nobody would believe that he had _____ done it.
아무도 그가 정말로 그걸 해냈다고 믿지 않을 거야.

4 Gimbap is my favorite _____ but is not a complete meal for me.
김밥은 내가 가장 좋아하는 간식이지만, 나한테 완벽한 한 끼 식사는 아냐.

03

모음 a [ei]

[ei]

a를 알파벳 이름 그대로 [에이]라고 발음하기도 합니다. **[ei]** 발음은 첫소리 '에'를 소리 높여 강하게 발음하고 나서, 남은 호흡에 슬며시 사라지듯 '이'를 덧붙입니다. [에]와 [이]를 따로 발음하지 않고 자연스럽게 연결하여 소리 내는 것이죠.

STEP 1 • 단어 듣고 발음하기　　　　　　　　　　　　　　　　　　　　　　　　　**▶** 102

	발음기호	한국식 발음	미국식 발음
age	[eidʒ]	에이지	에인쥬
angel	[éindʒəl]	엔젤	**에**인쥬얼
basis	[béisis]	베이시스	**베**이씨ㅆ
place	[pleis]	플레이스	플레이ㅆ
state	[steit]	스테이트	ㅅ떼잍
operation	[ɑ̀ːpəréiʃən]	오퍼레이션	아-퍼**뤠**이션
debate	[dibéit]	디베이트	디**베**잍
communication	[kəmjùːnəkéiʃən]	커뮤니케이션	커뮤우너**케**이션

basis 기초, 근거　operation 수술, (조직적인) 작전　debate 논쟁, 토론

STEP 2 • 직접 발음하기　단어를 세 번씩 읽은 후 정확한 소리를 들어 보세요.　　　**▶** 103

angel	☐ ☐ ☐	statement	☐ ☐ ☐
basis	☐ ☐ ☐	engage	☐ ☐ ☐
debate	☐ ☐ ☐	agency	☐ ☐ ☐
communication	☐ ☐ ☐	Asia	☐ ☐ ☐

1　The economy is the current focus of a public **debate** in the media.
경제는 최근 언론에서 공개 토론의 초점이 되고 있습니다.

2　Angela needs an **operation** on her left knee.
안젤라는 왼쪽 무릎에 수술을 받아야 한대요.

3　She sings like an **angel**.
그녀가 노래하면 천사 같지요.

4　It is important to know that you're in the right **place** at the right time.
여러분은 지금 타이밍상 적재적소에 있다는 것을 아셔야 합니다.

5　How can we fix a **communication** breakdown?
의사소통 단절을 어떻게 바로잡을 수 있을까요?

current 현재의　publc debate 공개 토론　breakdown (관계 등의) 단절

✔ CHECK-UP　　　　　　　　　　　　　　　　　　◐ 105

A　잘 듣고 보기 중 어느 단어를 발음한 것인지 고르세요.

1　ⓐ angle　　ⓑ angel　　　2　ⓐ place　　ⓑ plus

3　ⓐ egg　　　ⓑ age　　　　4　ⓐ devote　　ⓑ debate

B　다음 문장을 잘 듣고 빈칸에 들어갈 알맞은 단어를 쓰세요.

1　His statement has no scientific _____.
그의 진술은 과학적 근거가 없습니다.

2　Getting into a new routine leads you to a new _____ of mind.
새로운 일상을 시작하는 것은 새로운 마음가짐을 갖게 합니다.

3　The soldiers were engaged in a military _____ close to the Ukrainian border.
병사들은 우크라이나 국경 근처에서 군사 작전을 수행했습니다.

4　Poor _____ slows down productivity in our agency.
의사소통이 잘 안 되면 우리 기관의 생산성이 저하됩니다.

04 모음 a [ɔː]

[ɔː]는 대부분 [오]라고 표기하지만, '오'와 '아'의 중간 소리 정도로 발음됩니다. 우리말에는 중간 발음이라는 게 없기 때문에 발음하기 애매하고 힘들지만, 요령을 터득하고 나면 수월하게 발음할 수 있습니다. 턱을 최대한 아래로 내리면서 귀 옆에 턱뼈를 열어 주세요. 입 모양이 세로로 긴 'O'가 된 상태에서 '아' 하고 소리를 내면 돼요. 철자 a뿐만 아니라 au, aw도 [ɔː]로 소리 납니다. 편의상 [오어]로 표기했습니다.

STEP 1 • 단어 듣고 발음하기

▶ 106

	발음기호	한국식 발음	미국식 발음
call	[kɔːl]	콜	코얼
fall	[fɔːl]	폴	(f)포얼
stall	[stɔːl]	스톨	ㅅ또얼
salt	[sɔːlt]	쏠트	쏘얼트
automatic	[ɔ̀ːtəmǽtik]	오토매틱	오어러**매**릭
daughter	[dɔ́ːtər]	도터	**도**어러r
law	[lɔː]	로	로어
strawberry	[strɔ́ːbèri]	스트로베리	ㅅ뜨**로**어베뤼

stall 노점, 진열대   automatic 자동의   law 법률, 원칙

STEP 2 • 직접 발음하기 단어를 세 번씩 읽은 후 정확한 소리를 들어 보세요.

▶ 107

call	☐ ☐ ☐	because	☐ ☐ ☐
salt	☐ ☐ ☐	Santa Claus	☐ ☐ ☐
daughter	☐ ☐ ☐	talk	☐ ☐ ☐
law	☐ ☐ ☐	hall	☐ ☐ ☐

1   I had to work an extra shift because Michael **called** in sick.
     마이클이 전화로 병가를 내서 내가 대신에 초과근무를 해야 했어요.

2   He stopped at a fruit **stall** and bought some fresh **strawberries**.
     그는 과일 노점에 들러서 신선한 딸기를 좀 샀습니다.

3   My youngest **daughter** still believes in Santa Claus.
     내 막내딸은 아직도 산타클로스가 있다고 믿어요.

     > Santa Claus의 Claus도 [ɔː] 소리가 나요.

4   The value of the U.S. dollar seems to be **falling** steeply.
     미국 달러 가치가 가파르게 하락하고 있는 것으로 보입니다.

5   Excuse me. Could you tell me where the nearest **automatic** teller machine is?
     실례지만, 여기서 가장 가까운 현금 자동 인출기가 어디 있는지 아시나요?

extra shift 초과근무   **call in sick** 전화로 병가를 내다   **steeply** 가파르게   **automatic teller machine** 현금 자동 인출기(ATM)

✔ CHECK-UP
▶ 109

A   잘 듣고 보기 중 [ɔː] 소리가 들어간 단어를 고르세요.

1   ⓐ stake   ⓑ stall   2   ⓐ automatic   ⓑ apartment

3   ⓐ alone   ⓑ law   4   ⓐ call   ⓑ care

B   다음 문장을 잘 듣고 빈칸에 들어갈 알맞은 단어를 쓰세요.

1   Dave bought his _____ a new smartphone for her birthday.
    데이브는 그의 딸에게 생일 선물로 새 스마트폰을 사 주었어요.

2   He met his future wife at _____ school in 2020.
    그는 2020년 로스쿨에서 미래의 아내를 만났습니다.

3   I can't help _____ in love with you.
    당신과 사랑에 빠지지 않을 수 없어요.

4   Could you hand me the _____ and pepper, please?
    소금이랑 후추 좀 건네주시겠어요?

[ə]

[ə]는 우리말 [어]에 가깝게 소리 납니다. 하지만 실제 미국인들이 빠른 속도로 말할 때 들어 보면 '어'보다도 더 약하게 '으' 정도로 발음하는 경우가 많습니다. 강세를 받지 않아 약하게 소리 나는 건데요, again처럼 첫소리로 나온 a가 강세를 받지 않는 경우 바로 다음 음절에 강세가 오는 것이 일반적입니다.

STEP 1 • 단어 듣고 발음하기 ▶ 110

	발음기호	한국식 발음	미국식 발음
again	[əgén]	어겐	어**겐**
apart	[əpáːrt]	어파트	어**파**아ｒ트
about	[əbáut]	어바웃	어**바**읗
ago	[əgóu]	어고	어**고**우
amazing	[əméiziŋ]	어메이징	어**메**이징
banana	[bənǽnə]	버내너	버**내**너
balloon	[bəlúːn]	벌룬	벌**루**운
garage	[gərάːʒ]	거라지	거**라**아쥬

apart 떨어져, 사이를 두고   amazing 놀라운, 대단한   garage 차고, 정비공장

STEP 2 • 직접 발음하기 단어를 세 번씩 읽은 후 정확한 소리를 들어 보세요. ▶ 111

again	□ □ □	really	□ □ □
amazing	□ □ □	royal	□ □ □
balloon	□ □ □	thousand	□ □ □
garage	□ □ □	temperature	□ □ □

1　　It was really good to see you **again**. Stay in touch!
　　다시 봐서 정말 반가웠어. 연락하며 지내자!

2　　The royal palaces were built thousands of years **ago**.
　　그 궁전들은 수천 년 전에 지어졌습니다.

3　　You need to keep green **bananas** at room
　　temperature.
　　녹색 바나나는 실온에 보관하세요.

4　　I got to know some **amazing** facts through the book.
　　전 그 책을 통해 놀라운 사실 몇 가지를 알게 되었어요.

5　　The truck driver gave me a tow to the nearest **garage**.
　　견인트럭 운전사가 가장 가까운 정비공장에 제 차를 견인해 줬어요.

room temperature 실온, 상온　give a person a tow ~의 차를 견인하다

✔ CHECK-UP　　　　　　　　　　　　　　⏵ 113

A　잘 듣고 밑줄 친 a가 강세를 받지 않고 약하게 발음되는 것을 고르세요.

1　ⓐ banana　　ⓑ department　　2　ⓐ answer　　ⓑ apart

3　ⓐ ago　　　ⓑ palace　　　　4　ⓐ absent　　ⓑ amazing

B　다음 문장을 잘 듣고 빈칸에 들어갈 알맞은 단어를 쓰세요.

1　I was just ＿＿＿＿＿＿ to ask you that question.
　　당신에게 방금 그 질문을 하려던 참이었어요.

2　Our birthdays are only two days ＿＿＿＿＿.
　　우리의 생일은 이틀 밖에 차이가 안 나요.

3　I found some good stuff at my neighbor's ＿＿＿＿＿ sale.
　　이웃집 차고 세일에서 좋은 물건들을 몇 개 발견했어요.

4　It was sad for me to see my suggestion go down like a lead ＿＿＿＿＿
　　at the meeting.　회의에서 저의 제안이 받아들여지지 않는 걸 보는 건 속상한 일이었어요.

강세를 받지 않는 모음 [ə]

영어에서 강세를 받지 않는 모음들은 본래의 음가가 희미해지면서 [ə] 정도로 약하게 발음되는 경향이 있습니다. 실제로 미국인들의 발음을 들어 보면 [어]보다 더 약하게 [으]와 비슷하게 들리기도 해요. 말의 속도가 빠를수록 이따금 모음이 생략되고 자음에서 자음으로 바로 이어지면서 나타나는 현상입니다. 모음 a뿐만 아니라 e, i, o, ai, ia, io 등도 강세를 받지 않는 경우 [ə]로 약화되어 소리 납니다.

다음 단어와 예문을 잘 듣고 따라 말해 보세요. ▶ 114

machine [məʃíːn] 므**쉬**인	accept [əksépt] 윽**쎕**ㅌ
different [dífərənt] **디**(f)프른ㅌ	reality [riǽləti] 뤼**앨**르티
official [əfíʃəl] 으(**f)피**셜	mountain [máuntən] **마**운튼
special [spéʃəl] ㅅ**뻬**셜	condition [kəndíʃən] 큰**디**션

This **machine** is an all-in-one printer. It can scan, fax, and make copies.
이 기계는 일체형 프린터입니다. 스캔하고, 팩스를 보내고, 복사까지 할 수 있습니다.

I'd like to have a **mountain** view from the living room.
거실에서는 산의 경치가 보였으면 좋겠어요.

They are as **different** as day and night.
그들은 마치 낮과 밤처럼 달라요.

This car was in good **condition** a month ago.
이 차는 한 달 전까지만 해도 상태가 좋았거든요.

I made something **special** for dinner tonight.
오늘 저녁으로 제가 특별한 것을 만들어 봤어요.

일상생활에서 자주 사용하는 단어 중에 -age로 끝나는 단어들이 꽤 많습니다. 예를 들어 message, average와 같은 단어들이죠. 보통 우리는 이 단어들을 [메세지], [에버리지]라고 발음하는데, 원어민들의 실제 발음은 이와는 다릅니다.

-age로 끝나는 단어들은 거의 -age 바로 앞 음절에 강세가 옵니다. 이때 a는 강세를 받지 않습니다. 그래서 [어]로 약화되어 소리가 나요. 대화할 때 말의 속도가 빨라지면 더 약화되어 모음 소리는 아예 사라지기도 합니다. 결과적으로 -ge[(은)쥬]와 같이 자음 소리만 들리게 되는 거죠.

다음 단어와 예문을 잘 듣고 따라 말해 보세요. ▶ 115

average [ǽvəridʒ] 애(v)버뤼쥬	baggage [bǽgidʒ] 배글쥬
cabbage [kǽbidʒ] 캐블쥬	coverage [kʌ́vəridʒ] 커(v)버뤼쥬
damage [dǽmidʒ] 대믿쥬	image [ímidʒ] 이믿쥬
message [mésidʒ] 메쓷쥬	sausage [sɔ́ːsidʒ] 쏘어쓷쥬

Just send me a text **message** when you get close to Lee's garage.

이가네 정비소에 가까워지면 나한테 문자 메시지 보내.

This insurance plan has specific **coverage** on any **damage** during delivery.

이 보험은 배송 중 발생하는 모든 피해에 대해 구체적인 보상이 가능하게 설계되어 있습니다.

That was too expensive for an **average** Joe like me to afford.

그건 나같이 평범한 사람에게는 너무 비싸서 못 샀어요.

Kimchi is a sort of fermented **cabbage**, and it will boost probiotics in your gut.

김치는 발효된 배추의 일종으로, 장 내 활생균을 늘려 줍니다.

EXERCISE

A 잘 듣고 밑줄 친 부분의 발음이 나머지 두 개와 다른 것을 고르세요.

1 ⓐ danger   ⓑ pale   ⓒ passage

2 ⓐ army   ⓑ snap   ⓒ smart

3 ⓐ average   ⓑ baggage   ⓒ charge

4 ⓐ market   ⓑ family   ⓒ manage

5 ⓐ hall   ⓑ mall   ⓒ male

6 ⓐ apartment   ⓑ able   ⓒ accept

B 잘 듣고 들리는 단어를 쓰세요.

1 _____   2 _____

3 _____   4 _____

5 _____   6 _____

7 _____   8 _____

C 다음 어구를 잘 듣고 빈칸을 채우세요.

1 _____ officer   2 end-of-season _____

3 considerable _____   4 fruit _____

5 stock _____   6 rescue _____

7 _____ facts   8 southeast _____

D 다음 문장을 잘 듣고 빈칸을 채우세요.

1 Driving a _____ _____ does not mean that he is wealthy.
좋은 차를 몬다는 것이 그 사람이 부자라는 의미는 아니야.

2 Nowadays, we can eat _____ in and out of season.
요즘에는 사시사철 딸기를 먹을 수 있어요.

3 Overall, countries in Asia maintain stronger _____ _____ than other parts of the world.
전반적으로 아시아 국가들은 세계의 다른 지역보다 가족 간의 강한 유대를 유지하고 있습니다.

4 Analogue odometers were _____ with digital ones.
아날로그 방식 주행 기록계는 디지털 주행 기록계로 대체되었습니다.

5 We'd like to _____ you for that warm and gracious welcome.
따뜻하고 친절한 환영에 감사드립니다.

6 I don't like to talk to _____, so I didn't leave a message.
기계에 대고 말하는 게 싫어서 메시지를 안 남겼어요.

7 Put the lettuce in a _____ bowl and toss it with the dressing of your choice.
상추를 큰 그릇에 넣고 당신이 고른 드레싱과 함께 살살 섞어 주세요.

8 My _____ water bill has gone down since I stopped using the dishwasher.
식기세척기 사용을 중단한 이후로 평균 수도세가 내렸어요.

06

모음 e [e]

[e]

[e]는 우리말 '에'와 발음상 큰 차이가 없어서 비교적 쉽게 발음할 수 있습니다. 단, 원어민이 발음하는 [e]는 우리말의 '에'보다 턱을 아래로 더 많이 내려서 발음하는 특징이 있습니다. 보통 첫소리로 나오는 e는 짧고 간결하게 단모음 '에[e]'로 발음합니다.

STEP 1 • 단어 듣고 발음하기 ▸ 117

	발음기호	한국식 발음	미국식 발음
egg	[eg]	에그	엑
enter	[éntər]	엔터	**엔**터r
episode	[épəsòud]	에피소드	**에**퍼쏘욷
estimate	[éstəmət]	에스터멋	**에**스터멑
festival	[féstɪvl]	페스티벌	(f)**페**스티(v)블
medicine	[médɪsn]	메디슨	**메**리쓴
sensitive	[sénsətiv]	센시티브	**쎈**써티v
restroom	[réstru:m]	레스트룸	**뤠**스트루움

estimate 추정(치), 추산   sensitive 민감한, 예민한

STEP 2 • 직접 발음하기 단어를 세 번씩 읽은 후 정확한 소리를 들어 보세요. ▸ 118

enter	☐ ☐ ☐	length	☐ ☐ ☐
estimate	☐ ☐ ☐	extra	☐ ☐ ☐
medicine	☐ ☐ ☐	echo	☐ ☐ ☐
sensitive	☐ ☐ ☐	energy	☐ ☐ ☐

1   Cold **medicine** makes you feel drowsy.
감기약은 사람을 졸리게 해요.

2   How would you like your **eggs**, sunny-side up or scrambled?
계란은 어떻게 요리해 드릴까요? 한쪽만 익혀 드릴까요, 아니면 스크램블로 해 드릴까요?

3   She turned the doorknob to **enter** the room.
그녀는 문 손잡이를 돌려서 방에 들어갔어요.

4   Where can I find the **restroom** around here?
이 근처에 화장실은 어디 있어요?

> 남자 화장실은 men's room,
> 여자 화장실은 ladies' room
> 이라고도 해요.

5   What's your **estimate** on the cost and length of time for this job to get done?
이 일을 끝내는 데 비용과 시간은 얼마나 들 거라고 보시나요?

drowsy 졸리는   sunny-side up 계란을 한쪽만 익힌   scrambled 계란을 휘저어 익힌   doorknob (문의) 손잡이

✅ CHECK-UP   ● 120

A   잘 듣고 보기 중 제시된 단어를 올바르게 발음한 것을 고르세요.

1   festival   ⓐ ⓑ ⓒ   2   enter   ⓐ ⓑ ⓒ

3   estimate   ⓐ ⓑ ⓒ   4   medicine   ⓐ ⓑ ⓒ

B   다음 문장을 잘 듣고 빈칸에 들어갈 알맞은 단어를 쓰세요.

1   The _____ are down the hallway on your right.
화장실은 복도 아래 오른쪽에 있습니다.

2   I'm very _____ to the heat.
저는 더위에 매우 민감합니다.

3   The final _____ will be on Netflix tonight.
마지막 에피소드가 오늘 밤 넷플릭스에서 방영됩니다.

4   The Hangang Mongddang Summer _____ lasts for 31 days during July and August.
한강몽땅 여름축제는 7월과 8월 중 31일 동안 계속됩니다.

07

모음 e [i]

[i] 첫소리로 나온 e가 강세를 받지 않을 때 [i]로 발음됩니다. 대개 바로 다음에 강세를 받는 음절이 나옵니다. 이때 [i]는 우리말 '이'와 '에'의 중간 소리처럼 발음되는데, 입 모양은 '이'를 유지한 채 턱을 내리면 '에'와 유사한 소리가 납니다. 보통 원어민들이 빠른 속도로 이야기할 때 '어[ə]' 정도로 약화되어 들리기도 합니다. 편의상 우리말 [이]로 표기했습니다.

STEP 1 • 단어 듣고 발음하기　　　　　　　　　　　　　　　　　　　▶ 121

	발음기호	한국식 발음	미국식 발음
eleven	[ilévən]	일레븐	일**레**(v)브
essential	[isénʃəl]	에센셜	이**쎈**셜
effective	[iféktiv]	이펙티브	이(f)**펙**티v
believe	[bilíːv]	빌리브	빌**리**이v
beside	[bisáid]	비사이드	비**싸**읻
detergent	[ditéːrdʒənt]	디터전트	디**터**어r줜ㅌ
reject	[ridʒékt]	리젝트	륃**줸**ㅌ
receive	[risíːv]	리시브	뤼**씨**이v

essential 필수의　effective 효과적인　detergent 세제

STEP 2 • 직접 발음하기　단어를 세 번씩 읽은 후 정확한 소리를 들어 보세요.　　▶ 122

essential	☐ ☐ ☐		expensive	☐ ☐ ☐
effective	☐ ☐ ☐		prefer	☐ ☐ ☐
believe	☐ ☐ ☐		because	☐ ☐ ☐
receive	☐ ☐ ☐		enroll	☐ ☐ ☐

1   Everyone in the office will **receive** a small gift for Chuseok.
우리 사무실 사람들 모두 작게나마 추석 선물 하나는 받을 거예요.

2   Please **believe** what I say.

believe의 be-를 약화하여
[빌리이v]처럼 발음하기도 해요.

제발 내 말을 믿어 줘.

3   Cold-pressed **essential** oils are more expensive because of the
quality.
냉압착 공법으로 만든 기름은 품질이 높기 때문에 가격이 더 비싸요.

4   We're running out of laundry **detergent**.
세탁 세제가 얼마 안 남았어요.

5   That's **beside** the point.
요점은 그게 아니야.

cold-pressed 냉압착한   essential oil (향료 등의 원료가 되는) 정유   run out of ~이 다 떨어지다

✔ CHECK-UP   ● 124

A 잘 듣고 보기 중 어느 단어를 발음한 것인지 고르세요.

1   ⓐ eleven   ⓑ leaves   2   ⓐ beside   ⓑ bedside

3   ⓐ estimate   ⓑ essential   4   ⓐ reject   ⓑ register

B 다음 문장을 잘 듣고 빈칸에 들어갈 알맞은 단어를 쓰세요.

1   I _____ him to be a great scientist.
그가 훌륭한 과학자가 될 거라 믿어요.

2   What brand of _____ do you prefer?
어떤 브랜드의 세제를 선호해요?

3   We will discuss what the most _____ marketing strategy is during
this meeting.
이번 회의에서는 가장 효과적인 마케팅 전략이 무엇인지 논의하겠습니다.

4   Don't _____ any offers until you gather all the information you need.
필요한 모든 정보를 얻을 때까지 어떤 제안도 거절하지 마세요.

08

모음 e [iː]

[iː] 장모음 [iː]를 발음할 때는 새끼손가락이 들어갈 만큼 입을 살짝 벌린 상태에서 혀끝을 아랫니 뒷부분에 대고 [이-] 하고 발음합니다. 보통 모음 철자가 ea, ee, ey와 같이 두 개가 이어져 나올 때 장모음 [iː]로 발음됩니다. 장모음을 발음할 때는 단모음 두세 개를 연달아 발음하듯 길게 소리 내야 원어민이 장모음으로 이해합니다.

STEP 1 • 단어 듣고 발음하기

● 125

	발음기호	한국식 발음	미국식 발음
she	[ʃiː]	쉬	쉬이
theme	[θiːm]	띰	(θ)씨임
legal	[líːgəl]	리걸	**리**이걸
female	[fíːmeil]	피메일	**(f)피**이메일
complete	[kəmplíːt]	컴플리트	컴플**리**잍
season	[síːzn]	씨즌	**씨**이즌
sweet	[swiːt]	스위트	ㅅ위잍
key	[kiː]	키	키이

theme 주제, 테마 legal 합법적인 complete 완전한, 완료하다

STEP 2 • 직접 발음하기 단어를 세 번씩 읽은 후 정확한 소리를 들어 보세요.

● 126

theme	□ □ □	need	□ □ □
legal	□ □ □	evening	□ □ □
season	□ □ □	seatbelt	□ □ □
complete	□ □ □	reading	□ □ □

1   Is abortion **legal** in this country?
이 나라에서는 낙태가 합법인가요?

2   Traffic came to a **complete** standstill for half an hour.
교통이 30분 동안 완전히 마비되었어요.

3   The hiring manager prefers a **female** for that position.
인사부장은 그 직책에 여성 임용을 선호합니다.

prefer[프뤼(f)퍼r]는
2음절인 -fer에 강세가 와요.

4   You're so **sweet** to say that.
그렇게 말해 주시다니 정말 친절하시군요.

5   Autumn is the best **season** for reading.
가을은 독서하기 가장 좋은 계절입니다.

abortion 낙태   come to a standstill 멈추다, 꼼짝 못 하다

✔ CHECK-UP

A 잘 듣고 보기 중 어느 단어를 발음한 것인지 고르세요.

1 ⓐ she   ⓑ ship   2 ⓐ sweat   ⓑ sweet

3 ⓐ session ⓑ season   4 ⓐ female   ⓑ feast

B 다음 문장을 잘 듣고 빈칸에 들어갈 알맞은 단어를 쓰세요.

1 This is a _____ matter, so we need to find a professional counselor.
이건 법적인 문제여서 우리는 전문 상담가를 구해야 합니다.

2 What is the _____ of the performance?
그 공연의 주제는 무엇인가요?

3 She thinks that the _____ to success is getting more education.
그녀는 더 많은 교육을 받는 것이 성공 비결이라고 생각합니다.

4 Do you think you can _____ this task by yourself?
너 혼자 이 일을 끝낼 수 있다고 생각해?

[silent e]

영어 단어의 맨 끝에 붙는 철자 -e는 아무런 음가가 없습니다. ice, cake, time처럼 -e로 끝나는 단어는 -e 바로 앞에 나온 자음까지만 충실히 발음해 주면 되는 것이죠. 모음을 항상 넣어 발음하는 우리말 습관대로 '아이스', '케이크' 등으로 '으' 소리를 넣어서 발음하지 않도록 주의하세요.

STEP 1 • 단어 듣고 발음하기 　　　　　　　　　　　　　　　　　　　　▶ 129

	발음기호	한국식 발음	미국식 발음
ice	[ais]	아이스	아이ㅆ
make	[meik]	메이크	메잌
decide	[disáid]	디사이드	디싸읻
strike	[straik]	스트라이크	ㅅ뜨롸읔
navigate	[nǽvəgèit]	네비게이트	내(v)버게읻
closure	[klóuʒər]	클로저	클로우줘r
incentive	[inséntiv]	인센티브	인쎈티v
upgrade	[əpgréid]	업그레이드	엎그뤠읻

strike (생각이) 갑자기 떠오르다　navigate (웹사이트를) 돌아다니다, (힘든 상황을) 다루다　closure 폐쇄, 마감
incentive 장려금, 혜택

STEP 2 • 직접 발음하기　단어를 세 번씩 읽은 후 정확한 소리를 들어 보세요.　　　▶ 130

decide ☐ ☐ ☐	website ☐ ☐ ☐
strike ☐ ☐ ☐	invite ☐ ☐ ☐
closure ☐ ☐ ☐	voice ☐ ☐ ☐
incentive ☐ ☐ ☐	online ☐ ☐ ☐

1　Traffic was heavy this morning because of the road **closure**.
　오늘 아침은 도로 폐쇄로 차가 많이 막혔어요.

2　It's easy to **make** a pumpkin pie.
　호박 파이를 만드는 건 쉬워요.

3　That website is so hard to **navigate** through.
　그 웹사이트는 돌아다니기가 너무 어려워요.

4　You need to let us know once you **decide** what to do.
　어떻게 할지 결정하면 우리에게 알려 줘.

5　You can earn an additional $500 as an **incentive**.
　보너스로 500달러를 더 받을 수 있습니다.　*additional의 첫 모음 a는 [어]로 약화시켜 발음해요.*

earn (돈을) 벌다　　**additional** 추가의

✔ CHECK-UP　　　　　　　　　　　　　　　　　　　　　　　　　　　　　○ 132

A　다음 단어를 잘 듣고 빈칸에 알맞은 철자를 쓰세요.

　1　incent __ __ __　　　　　　　　2　upgr __ __ __

　3　m __ __ __　　　　　　　　　　4　clos __ __ __

B　다음 문장을 잘 듣고 빈칸에 들어갈 알맞은 단어를 쓰세요.

　1　I'm not sure how to break the _____.
　　어색한 분위기를 어떻게 깰지 모르겠어.

　2　We've got to _____ whether we should invite him.
　　우리는 그를 초대할지 말지 결정해야 해.

　3　It is a key to success to learn how to _____ through the challenge
　　of dealing with constant changes.
　　끊임없는 변화에 대처하는 어려움을 헤쳐 나가는 법을 배우는 것이 성공 비결입니다.

　4　You _____ me as an intelligent, witty, and genuine person.
　　당신은 지적이고 재치 있고 진실한 사람이라는 인상을 주는군요.

A 잘 듣고 밑줄 친 부분의 발음이 나머지 두 개와 <u>다른</u> 것을 고르세요.

1 ⓐ ni<u>c</u>e ⓑ pri<u>c</u>e ⓒ <u>sh</u>e

2 ⓐ e<u>ss</u>ential ⓑ <u>e</u>ducation ⓒ <u>u</u>nderstand

3 ⓐ me<u>d</u>icine ⓑ <u>l</u>egal ⓒ <u>e</u>vening

4 ⓐ <u>k</u>ey ⓑ <u>g</u>uarantee ⓒ heal<u>th</u>y

5 ⓐ e<u>x</u>tra ⓑ <u>r</u>eceive ⓒ e<u>ff</u>ective

6 ⓐ <u>g</u>ene ⓑ be<u>tt</u>er ⓒ <u>th</u>eme

B 잘 듣고 들리는 단어를 쓰세요.

1 _____ 2 _____

3 _____ 4 _____

5 _____ 6 _____

7 _____ 8 _____

C 다음 어구를 잘 듣고 빈칸을 채우세요.

1 _____ dreams 2 scrambled _____

3 pain _____ 4 main _____

5 _____ in God 6 make your _____

7 _____ conservation 8 very _____

D 다음 문장을 잘 듣고 빈칸을 채우세요.

1 Your _____ shoes don't go with your _____ pants.
네 하얀 신발이 초록색 바지랑 안 어울리잖아.

2 The _____ light is on. Fasten your seatbelt, _____.
안전벨트 표시등이 켜졌습니다. 안전벨트를 매 주세요.

3 We get serious flood situations during the monsoon _____.
우리는 장마 기간 동안 심각한 수해 상황을 겪습니다.

4 I couldn't hear anything but the _____ of my own _____.
내 목소리가 울리는 것밖에 안 들렸어요.

5 It's always smart to bring some _____ cash on a trip.
여행을 갈 때는 늘 여유분의 현금을 가져가는 게 현명해요.

6 She always buys really _____ designer clothes.
그녀는 항상 값비싼 디자이너 브랜드 옷을 사죠.

7 Pour the marinade and _____ it in the _____ over the
night.
양념장을 부어서 밤새 냉장고에 넣어 두세요.

8 I'm thinking about getting _____ in a remote-learning program
where I can take online classes.
온라인 수업을 들을 수 있는 원격 학습 프로그램에 등록할까 생각 중이에요.

[ai]는 마치 이음표가 붙어 있듯이 [아이] 하고 부드럽게 연결해 소리 냅니다. 서양인들은 발음할 때 기본적으로 우리보다 턱뼈의 움직임이 커서, [ai]를 발음할 때도 턱을 큰 각도로 떨어뜨리고 입을 크게 벌려서 발음합니다. 따라서 모음을 소리 낼 때 길이가 길어지고 음의 높낮이 차이가 뚜렷하게 만들어지면서 리듬이 생기게 되는 것입니다.

STEP 1 ● 단어 듣고 발음하기   ● 134

	발음기호	한국식 발음	미국식 발음
ideal	[aidíːəl]	아이디얼	아이**디**이얼
identification	[aidèntifəkéiʃən]	아이덴티피케이션	아이덴티(f)퍼**케**이션
nice	[nais]	나이스	나이ㅆ
client	[kláiənt]	클라이언트	**클라**이언ㅌ
require	[rikwáiər]	리콰이어	뤼**콰**이어r
satellite	[sǽtəlàit]	새틀라이트	**쌔**럴라잍
variety	[vəráiəti]	버라이어티	(v)버**롸**이어리
website	[wébsait]	웹사이트	**웹**싸잍

ideal 이상적인 identification 신분 증명(서) client 고객, 의뢰인 satellite 위성

STEP 2 ● 직접 발음하기 단어를 세 번씩 읽은 후 정확한 소리를 들어 보세요.   ● 135

ideal	☐ ☐ ☐	find	☐ ☐ ☐
client	☐ ☐ ☐	life	☐ ☐ ☐
require	☐ ☐ ☐	license	☐ ☐ ☐
variety	☐ ☐ ☐	remind	☐ ☐ ☐

1   I will go out for lunch with my **client** around noon.
나는 정오쯤 고객과 점심 식사하러 나갈 겁니다.

2   This apartment is **ideal** for a couple with no kids.
이 아파트는 아이가 없는 부부에게 이상적이죠.

3   The store carries a large **variety** of goods;
you will find almost everything there.
그 상점에서는 아주 다양한 상품을 취급합니다. 거의 모든 물건을 찾을 수 있죠.

> variety의 t는 [ㄹ]로 약화되어 소리 나고 있어요.

4   You can use a **satellite** dish as a TV antenna.
위성 방송 수신 안테나를 TV 안테나로 사용할 수 있습니다.

> satellite의 첫 번째 t는 모음 사이에서 [ㄹ]로 약화되고, 두 번째 t는 받침소리처럼 발음해요.

5   Google is ranked number 1 as the most
influential **website** in everyday life.
구글은 일상생활에서 가장 영향력 있는 웹사이트 1위를 차지하고 있습니다.

carry (가게에서 품목을) 취급하다   satellite dish 위성 방송 수신 안테나   influential 영향력 있는

 CHECK-UP   ▶ 137

A   잘 듣고 보기 중 첫 모음이 [ai]로 발음되지 <u>않는</u> 것을 고르세요.

1 ⓐ   ⓑ   ⓒ   2 ⓐ   ⓑ   ⓒ

3 ⓐ   ⓑ   ⓒ   4 ⓐ   ⓑ   ⓒ

B   다음 문장을 잘 듣고 빈칸에 들어갈 알맞은 단어를 쓰세요.

1   Remind your _____ that we accept both cash and credit cards.
현금과 신용카드 모두 사용할 수 있다는 걸 고객님께 상기시켜 주세요.

2   A driver's license is a legal form of _____.
운전면허증은 합법적인 신분증입니다.

3   We _____ all customers to wear a mask before they enter the store.
매장에 입장하기 전 모든 고객은 마스크를 착용해야 합니다.

4   Let's get a _____ pack of chips so that we can have a different type
every day.
다양한 감자칩 팩을 사서 매일 다른 종류를 먹어 보자.

모음 i [i]

[i] [i]는 턱을 아래로 툭 떨어뜨리면서 입을 크게 벌려서 [이] 하고 소리 냅니다. 앞에서 서양인들은 발음할 때 우리보다 턱뼈를 많이 벌려서 턱의 움직임이 크다고 했는데, [i]를 발음할 때도 우리말 '이'를 발음할 때보다 아래턱이 많이 벌어지면서 발음됩니다. 그래서 '이'와 '에'의 중간 소리로 들리죠. 편의상 우리말 [이]로 표기했습니다.

STEP 1 • 단어 듣고 발음하기   ▶ 138

	발음기호	한국식 발음	미국식 발음
imagine	[imǽdʒin]	이매진	이**맨**쥔
ignore	[ignɔ́:r]	이그노어	익**노**어r
little	[lítl]	리틀	**리**를
flip	[flip]	플립	(f)플맆
active	[ǽktiv]	액티브	**액**티v
direct	[dirékt]	디렉트	디**뤸**트
submit	[səbmít]	서브미트	썹**밑**
resist	[rizíst]	레지스트	뤼**지**스트

flip 재빨리 넘기다[뒤집다]   direct 지시하다, 안내하다   resist 참다, 견디다

STEP 2 • 직접 발음하기   단어를 세 번씩 읽은 후 정확한 소리를 들어 보세요.   ▶ 139

ignore ☐☐☐	ticket ☐☐☐
little ☐☐☐	information ☐☐☐
direct ☐☐☐	fingertips ☐☐☐
submit ☐☐☐	slip ☐☐☐

1   If you **ignore** this warning, you will end up getting a ticket and may be fined up to $500.
이 경고를 무시하면 딱지가 떼이고 결과적으로 최대 500달러까지 벌금을 물게 됩니다.

2   The **little** boy fell into a deep sleep.
그 어린 소년은 깊은 잠에 빠졌습니다.

> deep과 sleep은 둘 다 장모음 [i:] 소리가 나요. 장모음 [i:] 발음은 86쪽 참고

3   Can you **imagine** what will happen if the sun doesn't rise one day?
언젠가 해가 뜨지 않는다면 무슨 일이 벌어질지 상상할 수 있나요?

4   It's hard to **resist** not eating a piece of chocolate cake like that.
그런 초콜릿 케이크를 한 조각도 먹지 않고 지나가는 건 어렵네요.

5   Just **flip** through a magazine to see if you can find any coupons for that product.
그 제품에 대한 쿠폰을 찾을 수 있는지 잡지를 훑어 보세요.

end up ~ing 결과적으로 ~하게 되다   fine 벌금을 물리다   up to ~까지

✅ CHECK-UP ▶ 141

A   잘 듣고 보기 중 어느 단어를 발음한 것인지 고르세요.

1   ⓐ flight   ⓑ flip   2   ⓐ alive   ⓑ active

3   ⓐ life   ⓑ little   4   ⓐ imagine   ⓑ identification

B   다음 문장을 잘 듣고 빈칸에 들어갈 알맞은 단어를 쓰세요.

1   He couldn't _____ telling me what he had heard about you.
그는 너에 대해 들은 걸 나에게 말하지 않을 수 없었어.

2   Don't _____ this problem. If you do, it will get worse.
이 문제를 무시하지 마세요. 그럼 상황은 더 나빠질 겁니다.

3   Please _____ your request through the website.
웹사이트를 통해 요청 사항을 제출하세요.

4   Then, it will ___ _____ you to the next step.
그러면 그것은 당신을 다음 단계로 안내할 것입니다.

강세에 따른 i의 소리

강세를 받는 i의 경우, 실제 원어민의 발음을 주의 깊게 들어 보면 우리말 '이'보다 더 센 소리가 나는 것을 알 수 있습니다. 아래턱이 많이 벌어지면서 '이'보다는 '에'에 가깝게 발음되는 거지요. 예를 들어 mix는 '믹ㅆ'라기 보다는 '멕ㅆ'에 가깝게 들립니다.

강세를 받지 않는 i는 '어' 소리로 약화되거나 말하는 속도가 빨라질수록 발음이 거의 생략되기도 합니다. 주로 2음절 이상의 단어에서 i가 강세를 받지 않는 경우 이런 생략 현상이 나타납니다.

사전의 발음기호만 보고 'i는 [이]'라는 공식으로 익히면 강세가 실리고 리듬이 섞인 원어민의 실제 영어 발음을 들을 때 "어, 이런 단어는 처음 들어보는데?"라는 반응을 하게 됩니다. 따라서 눈으로 익히는 것에 그치지 않고 반복하여 듣는 연습이 필요합니다.

다음 단어와 예문을 잘 듣고 따라 말해 보세요.　　　▶ 142

i에 강세가 올 때	i에 강세가 오지 않을 때
mix [miks] 멕ㅆ	tennis [ténis] 테ㄴㅆ
this [ðis] (ð)데ㅆ	divorce [divɔ́ːrs] 드(v)보어rㅆ
issue [íʃuː] 엣슈우	napkin [nǽpkin] 냎큰
index [índeks] 엔덱ㅆ	victim [víktim] (v)빅틈
impact [ímpækt] 엠팩ㅌ	accident [ǽksidənt] 액ㅆ던ㅌ

I am going to play **tennis this** Sunday.
나는 이번 일요일에 테니스를 칠 거야.

After my parents finalized their **divorce**, I started living with my mom.
부모님의 이혼이 확정되고 나서 전 엄마와 함께 살기 시작했어요.

I'd better tuck a **napkin** into my shirt so that I don't get kimchi spots on it.
김치 얼룩이 생기지 않게 냅킨을 셔츠에 끼워 넣는 게 좋겠어.

His sister injured her left leg in a car **accident**.
그의 여동생은 자동차 사고로 왼쪽 다리를 다쳤어요.

Part 1에서 y는 자음이지만 모음과 비슷한 소리를 내서 반모음이라고 한다고 배웠습니다. y는 모음 [아이] 또는 [이]로 소리 나기도 하는데, 대부분의 경우 위치상 y가 단어 끝이나 중간에 올 때 모음 소리가 납니다. 이미 친숙한 여러 단어들에서 이런 경우를 찾아볼 수 있습니다.

다음 단어와 예문을 잘 듣고 따라 말해 보세요. ▶ 143

[ai]로 소리 나는 경우	[i]로 소리 나는 경우
cry [krai] ㅋ라이	baby [béibi] 베이비
fly [flai] 플라이	healthy [hélθi] 헬(θ)씨
reply [riplái] 뤼플**라**이	economy [iká:nəmi] 이**카**아너미
style [stail] ㅅ따일	loyal [lɔ́iəl] **로**이얼
dryer [dráiər] 드**롸**이어r	system [sístəm] **씨**스텀

If you need more information, please **reply** to this email.
정보가 더 필요하시면 이 이메일에 답장해 주시면 됩니다.

We have been their **loyal** customers since 2010.
우리는 2010년부터 거기 단골 손님이었어요.

The washer and the **dryer** are available on level B1.
세탁기와 건조기는 지하 1층에서 사용하실 수 있습니다.

The **economy** has just not been getting better since inflation kicked in.
인플레이션이 시작되자 경제는 좀처럼 나아지지 않고 있어요.

EXERCISE

A 잘 듣고 제시된 단어의 모음 i와 발음이 같은 단어를 고르세요.

1 trip   ⓐ island   ⓑ flip

2 variety   ⓐ identify   ⓑ plastic

3 active   ⓐ resist   ⓑ diverse

4 slice   ⓐ notice   ⓑ rice

5 submit   ⓐ ideal   ⓑ limit

6 advertise   ⓐ script   ⓑ profile

B 잘 듣고 들리는 단어를 쓰세요.

1 _____   2 _____

3 _____   4 _____

5 _____   6 _____

7 _____   8 _____

C 다음 어구를 잘 듣고 빈칸을 채우세요.

1 get a _____   2 _____ through

3 wine and _____   4 _____ overload

5 _____ type   6 at your _____

7 rock-bottom _____   8 an _____ person

D 다음 문장을 잘 듣고 빈칸을 채우세요.

1 Why don't you look it up in the _____?
그건 색인에서 찾아보는 게 어때요?

2 I don't like the taste of the _____ _____ on the cake.
난 케이크 위의 하얀 설탕 코팅 맛을 좋아하지 않아.

3 My ring _____ through my fingers _____ I was washing
my hands.
손을 씻는 동안 반지가 손가락 사이로 빠져나갔어요.

4 Are you positive that he didn't _____ the paperwork?
그가 서류를 제출하지 않은 것이 확실합니까?

5 You need to be _____ rather than reactive to be successful at
this job.
이 일에 성공하려면 사후 대응보다 사전 대비를 해야 합니다.

6 You can find some _____ at rock-bottom _____ on
Amazon.
아마존에서 최저 가격의 물건들을 찾을 수 있습니다.

7 They will be on a _____ _____ to Seoul from L.A. next
week.
그들은 다음 주에 LA에서 서울로 가는 직항 비행기를 탈 거예요.

8 I'd like to have one _____ of a double cheese _____ with
a diet coke, please.
더블 치즈 피자 한 조각이랑 다이어트 콜라 주세요.

모음 o [ɑː]

[ɑː]

[ɑː]는 우리말 '아' 소리와 거의 같습니다. 단, 좀 더 길게 [아−] 하고 발음합니다. 영어를 발음할 때는 입과 턱을 위아래로 크게 벌리고 소리 내는데, 이로 인한 발음 차이가 크다는 것을 느낄 수 있습니다.

STEP 1 • 단어 듣고 발음하기 ▶ 145

	발음기호	한국식 발음	미국식 발음
opera	[ɑ́ːpərə]	오페라	**아**−퍼러
option	[ɑ́ːpʃən]	옵션	**아**앞션
octopus	[ɑ́ːktəpəs]	옥토퍼스	**아**악터퍼ㅆ
hot	[hɑːt]	핫	하앝
cop	[kɑːp]	캅	카앞
clock	[klɑːk]	클락	클라악
stop	[stɑːp]	스탑	ㅅ따앞
shocking	[ʃɑ́ːkiŋ]	쇼킹	**샤**아킹

option 선택, 옵션   octopus 문어, 낙지   cop 경찰관   shocking 충격적인

STEP 2 • 직접 발음하기 단어를 세 번씩 읽은 후 정확한 소리를 들어 보세요. ▶ 146

opera	☐ ☐ ☐	lot	☐ ☐ ☐
cop	☐ ☐ ☐	model	☐ ☐ ☐
octopus	☐ ☐ ☐	common	☐ ☐ ☐
shocking	☐ ☐ ☐	topping	☐ ☐ ☐

1 He drove so fast that he couldn't **stop** at the **stop** sign in time.
그는 너무 빨리 차를 몰아서 제때 정지 신호에서 멈출 수 없었어요.

2 How was the **opera** last night?
어젯밤 오페라 어땠어요?

3 Spicy stir-fried **octopus** is
my favorite Korean dish.
매운 낙지볶음은 내가 제일 좋아하는 한국 음식입니다.

4 What he said was so **shocking** that I can't even repeat it.
그가 한 말은 너무 충격적이어서 차마 말로 옮길 수조차 없어요.

5 Care providers were working round the **clock** to save people's
lives during the pandemic.
의료진은 세계적으로 전염병이 퍼진 기간 동안 사람들의 생명을 구하기 위해 24시간 일하고 있었습니다.

stir-fried (센 불에 재빨리) 볶은   (health) care provider 의료진   round the clock 24시간 내내, 밤낮으로

✔ CHECK-UP ▶ 148

A 잘 듣고 보기 중 [ɑ:] 소리가 들어간 단어를 고르세요.

1 ⓐ ⓑ ⓒ   2 ⓐ ⓑ ⓒ

3 ⓐ ⓑ ⓒ   4 ⓐ ⓑ ⓒ

B 다음 문장을 잘 듣고 빈칸에 들어갈 알맞은 단어를 쓰세요.

1 We better hurry since the _____ is ticking.
시간이 많지 않아서 우리 서둘러야 해.

2 I saw a lot of fish, shellfish, and an _____ while snorkeling.
스노클링을 하면서 많은 물고기와 조개 그리고 문어를 보았어요.

3 I have no _____ but to trust them.
나는 그들을 믿는 수밖에 없어요.

4 That movie was not just _____; it was very disturbing.
그 영화는 충격적일 뿐만 아니라 매우 불편했어요.

[ou]

우리가 일상생활에서 자주 사용하는 영어 단어 중에 '오우[ou]'로 발음해야 하는데 '오'로 잘못 발음하는 것이 꽤 많습니다. 예를 들어 okay가 있죠. 보통 '오케이'라고 발음하는데, 여기서 o의 발음은 '오'가 아닌 '오우[ou]'입니다. [ou]는 내쉬는 한 번의 숨에 [오우]를 자연스럽게 이어서 발음합니다.

STEP 1 • 단어 듣고 발음하기
▶ 149

	발음기호	한국식 발음	미국식 발음
open	[óupən]	오픈	**오**우픈
okay	[oukéi]	오케이	**오우케**이
ocean	[óuʃən]	오션	**오**우션
home	[houm]	**홈**	호움
joke	[dʒouk]	조크	조욱
total	[tóutl]	**토탈**	**토**우를
donut	[dóunət]	도넛	**도**우널
tomato	[təméitou]	토메이토	터**메**이로우

ocean 대양, 바다   total 전부의, 완전한

STEP 2 • 직접 발음하기   단어를 세 번씩 읽은 후 정확한 소리를 들어 보세요.
▶ 150

okay	☐☐☐	go	☐☐☐
ocean	☐☐☐	cold	☐☐☐
total	☐☐☐	tone	☐☐☐
donut	☐☐☐	coke	☐☐☐

1　He repeated the same **joke** all the time.
그는 했던 농담을 계속해서 하고 또 했어요.

2　I want to go **home** and get some rest.
집에 가서 좀 쉬고 싶어요.

3　I will bring a box of **donuts** for everybody tomorrow.
내일 우리 다 같이 먹게 도넛 한 상자 가져올게요.

tomorrow의 -ow도
[ou] 소리가 나요.

4　You need to be more **open**-minded
to understand the younger generation.
젊은 세대를 이해하려면 좀 더 열린 마음을 가질 필요가 있어요.

5　**Okay**. Let me see what I can do for you with this.
좋아요. 이번 건에서 내가 어떻게 도움을 줄 수 있는지 어디 봅시다.

open-minded 마음이 넓은, 편견이 없는　younger generation 젊은 세대, 청년층

✅ CHECK-UP　　　　　　　　　　　　　　　　　　▶ 152

A　잘 듣고 보기 중 첫 모음이 [ou]로 발음되지 <u>않는</u> 것을 고르세요.

1　ⓐ　　　ⓑ　　　ⓒ　　　　　2　ⓐ　　　ⓑ　　　ⓒ

3　ⓐ　　　ⓑ　　　ⓒ　　　　　4　ⓐ　　　ⓑ　　　ⓒ

B　다음 문장을 잘 듣고 빈칸에 들어갈 알맞은 단어를 쓰세요.

1　Drinking ＿＿＿＿＿＿＿ juice every morning is good for your health.
매일 아침 토마토 주스를 마시는 것은 건강에 좋습니다.

2　This is serious. This is nothing to ＿＿＿＿＿＿＿ about.
이건 심각해. 농담할 일이 아니야.

3　Did you know that the Pacific Ocean is the largest ＿＿＿＿＿＿ in the world?
태평양이 세상에서 가장 큰 바다라는 걸 알고 있었나요?

4　My two sons are ＿＿ ＿＿＿＿＿ opposites in many ways.
제 두 아들은 여러 면에서 정반대예요.

14 모음 o [ɔː]

[ɔː]는 '오'와 '아'의 중간 소리 정도로 발음됩니다. 우리말 '오' 소리를 낼 때처럼 입술을 동그라미 모양이 되게 만든 상태에서 '아' 하고 길게 소리 냅니다. 거울을 보고 입 모양을 확인해 가며 연습해 보세요. 편의상 [오어]로 표기했습니다.

STEP 1 • 단어 듣고 발음하기　　　　　　　　　　　　　　　　　　　▶ 153

	발음기호	한국식 발음	미국식 발음
office	[ɔ́ːfis]	오피스	**오**어(f)피ㅆ
orange	[ɔ́ːrindʒ]	오린쥐	**오**어뤈쥬
often	[ɔ́ːfən]	오픈	**오**어(f)펀
order	[ɔ́ːrdər]	오더	**오**어r더r
long	[lɔːŋ]	롱	로엉
soft	[sɔːft]	<u>소프트</u>	쏘어(f)프ㅌ
cost	[kɔːst]	<u>코스트</u>	코어스ㅌ
strong	[strɔːŋ]	<u>스트롱</u>	ㅅ뜨뤄엉

order 주문하다　cost 경비, 비용

STEP 2 • 직접 발음하기　단어를 세 번씩 읽은 후 정확한 소리를 들어 보세요.　　▶ 154

orange	☐ ☐ ☐	store	☐ ☐ ☐
order	☐ ☐ ☐	officer	☐ ☐ ☐
soft	☐ ☐ ☐	lost	☐ ☐ ☐
strong	☐ ☐ ☐	wrong	☐ ☐ ☐

1 Please knock on the door before you come into my **office**.
제 사무실에 들어오기 전에 노크해 주세요.

2 You can stay healthy and **strong** as **long** as you can.
여러분은 가능한 한 오래 건강하고 튼튼하게 지낼 수 있습니다.

3 Tangerines are smaller than **oranges** and are more readily available at Korean markets.
귤은 오렌지보다 작고, 한국 시장에서는 구입하기 더 쉬워요.

4 Three kinds of tofu are on the shelf: **soft** or silken, firm, and extra firm.
매장에는 연두부, 단단한 두부, 매우 단단한 두부 세 종류가 있습니다.

5 I **often** go to the grocery store with my mom.
나는 종종 엄마와 함께 장을 보러 가요.

tangerine 귤   readily available 쉽게 구할 수 있는   on the shelf 매장에   silken 부드러운

✅ CHECK-UP
▶ 156

A 잘 듣고 보기 중 어느 단어를 발음한 것인지 고르세요.

1 ⓐ open   ⓑ often   2 ⓐ soap   ⓑ soft

3 ⓐ order   ⓑ only   4 ⓐ cost   ⓑ cold

B 다음 문장을 잘 듣고 빈칸에 들어갈 알맞은 단어를 쓰세요.

1 An onion has a _____ taste and smell.
양파는 맛과 향이 강하다.

2 Our _____ hours next week will vary due to New Year's Day.
다음 주 업무 시간은 설날로 인해 변동됩니다.

3 A glass of _____ juice and a couple of eggs are my typical breakfast.
오렌지 주스 한 잔과 계란 두어 개가 저의 일상적인 아침 식사입니다.

4 How _____ do you think it will take to be delivered?
배송되는 데 얼마나 걸릴까요?

모음 o [uː]

[uː]

모음 o는 우리말 '우'에 가깝게 소리 나기도 합니다. 우리말에서는 장단음 구별 없이 모두 짧게 단음화하여 발음하는 경향이 있어요. 하지만 영어의 [uː]는 좀 길다 싶을 정도로 충분히 끌어서 [우ー] 하고 소리 내야 확실히 표현할 수 있습니다. 장음 [uː] 소리는 철자상 o 또는 이중모음 oo로 표기됩니다.

STEP 1 • 단어 듣고 발음하기　　　　▶ 157

	발음기호	한국식 발음	미국식 발음
do	[duː]	두	두우
lose	[luːz]	루즈	루우ㅈ
movie	[múːvi]	무비	**무**우(v)비
prove	[pruːv]	프루브	ㅍ루우v
cool	[kuːl]	쿨	쿠울
google	[gúːgl]	구글	**구**우글
food	[fuːd]	푸드	(f)푸욷
noodle	[núːdl]	누들	**누**우들

prove 증명하다, 입증하다　google 구글로 검색하다

STEP 2 • 직접 발음하기　단어를 세 번씩 읽은 후 정확한 소리를 들어 보세요.　　　　▶ 158

lose	☐ ☐ ☐		who	☐ ☐ ☐		
movie	☐ ☐ ☐		tooth	☐ ☐ ☐		
prove	☐ ☐ ☐		move	☐ ☐ ☐		
noodle	☐ ☐ ☐		room	☐ ☐ ☐		

1   In Korea, a lot of people still go to **movie** theaters.
한국에서는 많은 사람이 여전히 영화관에 가요.

2   Early in the morning, a **cool** breeze blows in from the ocean.
이른 아침이면 시원한 바람이 바다에서 불어오지요.

floor의 oo는 [ɔ:] 소리가 나요.

3   You will find the **food** court on the top floor of this mall.
푸드코트는 이 쇼핑몰의 꼭대기 층에 있습니다.

4   He was about to **lose** all hope when she came into his life.
그가 모든 희망을 거의 잃게 되었을 때 그녀가 그의 삶에 나타났죠.

5   They **do** whatever you say to **do**.
그들은 네가 하라고 하는 건 뭐든 다 해.

breeze 산들바람, 미풍   **whatever** ~하는 것은 무엇이든

✔ CHECK-UP   ▶ 160

A 잘 듣고 보기 중 [u:] 소리가 들어가지 <u>않은</u> 단어를 고르세요.

1 ⓐ   ⓑ   ⓒ   2 ⓐ   ⓑ   ⓒ

3 ⓐ   ⓑ   ⓒ   4 ⓐ   ⓑ   ⓒ

B 다음 문장을 잘 듣고 빈칸에 들어갈 알맞은 단어를 쓰세요.

1 I don't want to _____ this opportunity.
나는 이 기회를 잃고 싶지 않아.

2 You can just _____ it to find out more.
더 자세히 알아보려면 구글 검색을 해 보세요.

3 I can't _____ it, but I think there is really a good chance.
증명할 수는 없지만 가능성은 충분하다고 생각해.

4 You can look up the recipe for Korean cold _____ in a cookbook.
요리책에서 한국의 냉면 요리법을 찾을 수 있습니다.

긴 소리 oo vs. 짧은 소리 oo

앞에서 이중모음 oo가 장음 [uː]로 소리 나는 경우를 배웠는데, oo가 짧은 [u] 소리를 낼 때도 있습니다. 장음 [uː]는 좀 길다 싶을 정도로 충분히 끌어서 [우-] 하고 발음해야 한다고 했죠. 반면 단음 [u]는 [우] 하고 짧고 힘있게 발음합니다. 원어민의 발음을 자세히 들어 보면 [우워]에 가깝게 소리 나는 것을 느낄 수도 있는데, 이는 턱을 내리면서 입을 열어 주기 때문입니다.

영어 철자상 oo가 긴 모음인지 짧은 모음인지 소리 구분을 명확히 하려면 원어민의 발음을 듣고 직접 소리 내어 연습하는 것만이 최선입니다.

다음 단어와 예문을 잘 듣고 따라 말해 보세요.　　　　　　　　　　　　　　　　　　　▶ 161

장음 [uː]	단음 [u]
fool [fuːl] (f)푸울	book [buk] 북
moon [muːn] 무운	foot [fut] (f)풑
room [ruːm] 루움	look [luk] 룩
tooth [tuːθ] 투우θ	good [gud] 굳
stool [stuːl] ㅅ뚜울	cookie [kúki] **쿠**키
choose [tʃuːz] 츄우ㅈ	childhood [tʃáildhùd] **촤**일드훋

I got a pedicure with a **foot** massage.
발 마사지와 함께 발 관리를 받았어요.

The **book** on the desk is mine.
책상 위에 있는 책은 내 거야.

People say that I **look good** in anything.
사람들이 저는 어떤 옷을 입어도 잘 어울린다고 해요.

We have only one double **room** available.
더블룸 하나만 있습니다.

The dentist took my **tooth** out yesterday.
어제 치과 의사 선생님이 제 이를 뽑았어요.

ou의 여러 가지 소리

이중모음 ou는 여러 가지 소리를 가지고 있습니다. 단어와 예문을 듣고 따라 말하면서 각각의 소리를 익혀 봅시다.

1 [ɔː]로 발음되는 경우

▶ 162

> bought [bɔːt] 보엍
> fought [fɔːt] (f)포엍
>
> thought [θɔːt] (θ)쏘엍
> source [sɔːrs] 쏘어r쓰

I could have **bought** it, but I didn't. It was just a **thought**.
나는 그것을 살 수 있었지만 안 샀어. 생각으로만 그쳤지.

He **fought** the cancer hard for 5 years, and he is completely cured now.
그는 5년간 암 투병 끝에 지금은 깨끗이 완치되었습니다.

2 [au]로 발음되는 경우

> house [haus] 하우쓰
> couch [kautʃ] 카우츄
>
> doubt [daut] 다웉
> pouty [páuti] **파**우리

There's no **doubt** that she was a knockout when she was young.
그녀가 젊었을 때 절세미인이었다는 것은 의심의 여지가 없어요.

Don't be **pouty**. I'm fixing it for you, and it takes time.
삐쭉거리지 마. 내가 지금 고치고 있잖아. 시간이 좀 걸린다고.

3 [ʌ]로 발음되는 경우

> tough [tʌf] 터f
> trouble [trʌbl] 츄**뤄**블
>
> cousin [kʌzn] **커**즌
> enough [inʌf] 이**너**f

This meat is so **tough** that I can hardly chew it.
이 고기는 너무 질겨서 씹기가 아주 힘들어.

My **cousin** has had heart **trouble** for years.
제 사촌은 수년 동안 심장병을 앓았어요.

A 잘 듣고 밑줄 친 부분의 발음이 나머지 두 개와 <u>다른</u> 것을 고르세요.

1 ⓐ <u>o</u>pera   ⓑ m<u>o</u>del   ⓒ j<u>o</u>ke

2 ⓐ wr<u>o</u>ng   ⓑ <u>o</u>fficer   ⓒ c<u>o</u>ne

3 ⓐ b<u>oo</u>k   ⓑ n<u>oo</u>dle   ⓒ f<u>oo</u>d

4 ⓐ st<u>o</u>p   ⓑ pr<u>o</u>ve   ⓒ c<u>o</u>p

5 ⓐ s<u>o</u>me   ⓑ h<u>o</u>me   ⓒ c<u>o</u>ke

6 ⓐ cl<u>o</u>se   ⓑ l<u>o</u>se   ⓒ t<u>o</u>ne

B 잘 듣고 들리는 단어를 쓰세요.

1 _____   2 _____

3 _____   4 _____

5 _____   6 _____

7 _____   8 _____

C 다음 어구를 잘 듣고 빈칸을 채우세요.

1 _____ and roll   2 _____ opposite

3 _____ charger   4 _____ and found

5 _____ buff   6 _____ hours

7 a hard-_____ battle   8 round the _____

D 다음 문장을 잘 듣고 빈칸을 채우세요.

1 I have a fever, a cough, and a sore throat. I think I have a bad _____.

열나고 기침이 나고 목이 아파요. 독감에 걸린 것 같아요.

2 I was in _____ when I received a bill for 5,000 dollars.

5,000달러 청구서를 받고 충격받았어요.

3 Fresh _____ juice should be refrigerated right after _____

and be drunk quickly.

신선한 오렌지 주스는 개봉 후 즉시 냉장 보관하고 빨리 마셔야 합니다.

4 There are two different _____ in my _____.

우리 집에는 두 개의 다른 소파가 있어요.

5 Coffee and donuts are a _____ _____ and drink and are

usually served as breakfast or a snack.

커피와 도넛은 기본 식음료로, 보통 아침 식사나 간식으로 제공됩니다.

6 Doing some soul-searching will help you _____ _____

mentally and emotionally.

자신을 돌아보는 것은 정신적으로나 정서적으로 발전하게 도와줍니다.

7 I like to have my eggs scrambled with some _____

like _____ carrots, bell peppers, and onions.

저는 계란에 잘게 썬 당근, 피망, 양파 같은 토핑을 얹어서 스크램블 해 먹는 걸 좋아해요.

8 I'm sorry, but all tickets for this _____'s train are already

_____ out.

죄송합니다만, 오늘 아침 기차표는 이미 모두 매진되었습니다.

16 모음 u [ʌ]

[ʌ]는 '어'와 '아'의 중간 발음 정도로 들리는데, '아' 소리를 낼 때의 입 모양을 만들고 혀를 뒤쪽으로 당겨서 '어' 하고 소리 냅니다. 이때 입과 턱을 크게 벌리기 때문에 귀 옆의 근육에 힘이 들어가는 게 느껴지죠. 편의상 우리말 [어]로 표기했습니다.

STEP 1 • 단어 듣고 발음하기　　　　　　　　　　　　　　　　　　　　　○ 164

	발음기호	한국식 발음	미국식 발음
ultra	[ʌ́ltrə]	울트라	**얼**츄뤄
unlimited	[ʌnlímitid]	언리미티드	언**리**미릳
cut	[kʌt]	커트	컽
dust	[dʌst]	더스트	더스ㅌ
funny	[fʌ́ni]	퍼니	(f)**퍼**니
multiple	[mʌ́ltəpl]	멀티플	**멀**터플
punish	[pʌ́niʃ]	퍼니쉬	**퍼**니쉬
stubborn	[stʌ́bərn]	스터본	ㅅ**떠**버r은

unlimited 제한 없는　dust 먼지를 털다　multiple 다수의　punish 처벌하다　stubborn 고집 센, 없애기 힘든

STEP 2 • **직접 발음하기** 단어를 세 번씩 읽은 후 정확한 소리를 들어 보세요.　　　　○ 165

ultra	☐ ☐ ☐	gum	☐ ☐ ☐
dust	☐ ☐ ☐	toothbrush	☐ ☐ ☐
multiple	☐ ☐ ☐	pump	☐ ☐ ☐
stubborn	☐ ☐ ☐	umbrella	☐ ☐ ☐

1 It is **funny** because that was exactly what I was thinking about.
신기하네. 그게 바로 내가 생각하고 있던 거였거든.

2 He is **stubborn** about making any changes once he says he will do something.
그는 한번 하겠다고 한 것에 대해서는 변경 없이 고집스럽게 밀고 나가는 경향이 있어요.

3 I **dust** the car once a day, usually after I pull into the garage.
나는 보통 차고에 차를 댄 후 하루에 한 번 차의 먼지를 털어 내요.

4 For an additional 10 dollars, you will get **unlimited** access to the whole facility.
10달러를 더 내시면 시설 전체를 제한 없이 이용하실 수 있습니다.

ultra-의 t는 [츄]로 발음돼요.

5 I started using an **ultrasoft** toothbrush to protect my gums.
나는 잇몸을 보호하기 위해 아주 부드러운 칫솔을 사용하기 시작했다.

be stubborn about ~을 고집스럽게 밀고 나가다   pull into ~에 도착하다   ultrasoft 매우 부드러운   gum 잇몸

✓ CHECK-UP ○ 167

A 잘 듣고 보기 중 [ʌ] 소리가 들어간 단어를 고르세요.

1 ⓐ   ⓑ   ⓒ   2 ⓐ   ⓑ   ⓒ

3 ⓐ   ⓑ   ⓒ   4 ⓐ   ⓑ   ⓒ

B 다음 문장을 잘 듣고 빈칸에 들어갈 알맞은 단어를 쓰세요.

1 You can't _____ him for something he didn't say or do.
그가 말하거나 행동하지 않은 것에 대해 처벌할 수는 없습니다.

2 For _____ stains, use a couple of pumps of dish soap and then rinse it off.
없애기 힘든 얼룩은 주방용 세제를 두세 번 눌러 사용한 후 헹궈 보세요.

3 Does this plan come with _____ data?
이 요금제는 데이터가 무제한인가요?

4 I sent _____ emails and made follow-up phone calls but still don't get any answers from the vendor.
이메일을 여러 번 보내고 전화도 했지만 판매 회사로부터 아직 아무런 답변을 듣지 못했습니다.

17

모음 u [juː]

모음 u는 알파벳 이름 그대로 '유' 소리가 나기도 합니다. 우리말에도 복모음 '유'가 있기 때문에 이 발음은 그리 어렵진 않겠지만, 정확히 똑같은 발음은 아니에요. 우리말의 '유'는 한 번에 내뱉는 단음에 가깝지만, 영어 발음 [juː]는 턱관절을 많이 이용해서 입술과 턱을 앞으로 쭉 내밀며 소리 냅니다. 그렇기 때문에 [이유우]에 가깝게 소리가 나요.

STEP 1 • 단어 듣고 발음하기   ▶ 168

	발음기호	한국식 발음	미국식 발음
use	[juːz]	유즈	이유우ㅈ
university	[jùːnəvéːrsəti]	유니버시티	이유우너(v)버어r써리
cute	[kjuːt]	큐트	키유욷
abuse	[əbjúːz]	어뷰즈	어비유우즈
fuel	[fjúːəl]	퓨얼	(f)피유우얼
mucus	[mjúːkəs]	뮤커스	미유우커ㅆ
excuse	[ikskjúːz]	익스큐즈	익쓰키유우ㅈ
cubicle	[kjúːbikl]	큐비클	키유우비클

abuse 남용하다   mucus (코 등에서 나오는) 점액   cubicle 칸막이 한 사무실

STEP 2 • 직접 발음하기   단어를 세 번씩 읽은 후 정확한 소리를 들어 보세요.   ▶ 169

use	☐ ☐ ☐	usually	☐ ☐ ☐
cute	☐ ☐ ☐	music	☐ ☐ ☐
fuel	☐ ☐ ☐	huge	☐ ☐ ☐
excuse	☐ ☐ ☐	mule	☐ ☐ ☐

1　His little girl is as **cute** as a button in that pink frilly dress.
그의 어린 딸은 분홍색 주름 원피스를 입으니 인형 같이 귀엽더라고요.

2　He usually stays in the **cubicle** all throughout the day and eats his lunch at his desk.
그는 보통 하루 종일 칸막이 사무실에 있으면서 점심도 책상에서 먹어요.

vehicles의 h는 소리 내지 않는 경우가 많아요.

3　You are not supposed to **use** premium **fuel** in government vehicles.
관용차량에 고급 연료를 사용해서는 안됩니다.

4　Dry and dusty air can cause **mucus** to form inside the nose and the throat.
공기가 건조하고 먼지가 많으면 코와 목 안쪽으로 가래(점액)가 생길 수 있습니다.

5　He simply turned down the dinner invitation without giving an **excuse**.
그는 아무 변명도 없이 그냥 저녁 초대를 거절했어요.

cute as a button (여성, 어린아이 등이) 귀여운　frilly 주름 장식이 달린　government vehicle 관용차량
dusty 먼지투성이인　turn down 거절하다

✅ CHECK-UP　　　　　　　　　　　　　　　　　　　　　　　　　　❶ 171

A　잘 듣고 보기 중 제시된 단어를 올바르게 발음한 것을 고르세요.

1　cute　　ⓐ　ⓑ　ⓒ　　2　fuel　　ⓐ　ⓑ　ⓒ

3　abuse　　ⓐ　ⓑ　ⓒ　　4　mucus　　ⓐ　ⓑ　ⓒ

B　다음 문장을 잘 듣고 빈칸에 들어갈 알맞은 단어를 쓰세요.

1　You can't _____ your power.
권력을 남용해서는 안 된다.

2　Two or three employees share one _____ in coordination with their telework schedule.
두세 명의 직원이 재택근무 일정을 조율하여 사무실 한 칸을 공유합니다.

3　Oxford University is considered the most prestigious _____ in the world.　옥스퍼드 대학교는 세상에서 가장 권위 있는 대학으로 여겨집니다.

4　If you say anything right now, it will only add _____ to the flames.
지금 네가 무슨 말을 해도 불난 집에 부채질하는 것밖에 안돼.

18

모음 u [uː]

장음 [uː]는 우리말 '우'와 소리가 비슷합니다. 입술을 더욱 동그랗게 만들고 앞으로 삐죽이 내밀면서 [우-] 하고 소리 냅니다. 발음상 핵심은 소리를 길게 끄는 데 있는데, 모음 o가 [uː]로 소리 날 때와 같은 요령입니다. 철자상 ue, ui도 [uː] 소리를 내기도 합니다.

STEP 1 • 단어 듣고 발음하기 ● 172

	발음기호	한국식 발음	미국식 발음
rule	[ruːl]	룰	루울
tune	[tuːn]	툰	투운
rude	[ruːd]	루드	루운
junior	[dʒúːnjər]	주니어	**쥬**우니어r
true	[truː]	트루	츄루우
clue	[kluː]	클루	클루우
suit	[suːt]	수트	쑤울
recruit	[rikrúːt]	리크루트	뤼크**루**울

tune 곡, 선율 junior 청소년의, 주니어의 clue 단서, 실마리 recruit (신입 사원을) 모집하다, 신입 사원

STEP 2 • 직접 발음하기 단어를 세 번씩 읽은 후 정확한 소리를 들어 보세요. ● 173

rule	☐ ☐ ☐	June	☐ ☐ ☐
junior	☐ ☐ ☐	glue	☐ ☐ ☐
true	☐ ☐ ☐	bruise	☐ ☐ ☐
recruit	☐ ☐ ☐	truth	☐ ☐ ☐

1   There are some basic **rules** of magic.
   마술에는 몇 가지 기본적인 규칙이 있습니다.

2   The dress code is formal: a **suit** and tie for men and an evening gown for women.
   복장 규정은 정장으로, 남성은 양복과 타이, 여성은 이브닝 드레스를 착용합니다.

3   The store clerk was not only disrespectful but also **rude**.
   그 가게 점원은 예의가 없을 뿐 아니라 무례하기까지 했다니까.

4   She won a gold medal at the World **Junior** Figure Skating Championships.
   그녀는 세계 주니어 피겨스케이팅 선수권대회에서 금메달을 땄습니다.

5   Samsung is **recruiting** interns for cell phone marketing and design.
   삼성에서는 휴대폰 마케팅과 디자인 분야의 인턴 사원을 모집하고 있습니다.

dress code 복장 규정   evening gown (파티 등에서 입는 긴 길이의 여성용) 이브닝 드레스   disrespectful 예의 없는

✅ CHECK-UP

▶ 175

A   잘 듣고 보기 중 어느 단어를 발음한 것인지 고르세요.

1   ⓐ run   ⓑ rule   2   ⓐ junior   ⓑ justice

3   ⓐ clue   ⓑ clerk   4   ⓐ sun   ⓑ suit

B   다음 문장을 잘 듣고 빈칸에 들어갈 알맞은 단어를 쓰세요.

1   Diana is the best _____ of the year at our company.
   다이애나는 우리 회사에서 올해 최고의 신입 사원입니다.

2   My mother was humming a _____ that I remembered that she used to sing to me.
   어머니는 저에게 불러 주곤 했던 기억이 있는 곡조를 흥얼거리고 계셨어요.

3   Do you have any _____ why Bruce was so upset the other day?
   지난번에 브루스가 왜 그렇게 화가 났는지 알아?

4   You don't know what the _____ meaning of life and love is, but you will find out soon.
   넌 인생과 사랑의 참뜻을 몰라. 하지만 곧 알게 될 거야.

EXERCISE

A 잘 듣고 밑줄 친 부분의 발음이 나머지 두 개와 <u>다른</u> 것을 고르세요.

1 ⓐ h<u>u</u>mor   ⓑ <u>u</u>seful   ⓒ r<u>u</u>le

2 ⓐ c<u>u</u>te   ⓑ c<u>u</u>t   ⓒ c<u>u</u>rl

3 ⓐ f<u>u</u>n   ⓑ t<u>u</u>ne   ⓒ J<u>u</u>ne

4 ⓐ s<u>u</u>it   ⓑ recr<u>u</u>it   ⓒ m<u>u</u>te

5 ⓐ gl<u>u</u>e   ⓑ <u>u</u>nder   ⓒ d<u>u</u>st

6 ⓐ m<u>u</u>sic   ⓑ m<u>u</u>scle   ⓒ m<u>u</u>cus

B 잘 듣고 들리는 단어를 쓰세요.

1 _____   2 _____

3 _____   4 _____

5 _____   6 _____

7 _____   8 _____

C 다음 어구를 잘 듣고 빈칸을 채우세요.

1 _____ shock   2 _____ and tie

3 _____ sharing   4 _____ as a button

5 _____ data usage   6 prestige _____

7 _____ as a mule   8 add _____ to the fire

D 다음 문장을 잘 듣고 빈칸을 채우세요.

1 Bring your _____ with you in case it rains.
비가 올 경우를 대비해서 우산을 가지고 가세요.

2 Why didn't you tell me the _____?
왜 나에게 사실대로 말하지 않았어?

3 I'm not being _____ but being _____.
무례하게 굴려는 게 아니라 웃기려는 거예요.

4 My company is trying to _____ people from as many diverse

ethnic backgrounds as possible.
우리 회사는 가능한 한 다양한 인종의 직원들을 채용하려고 노력하고 있습니다.

5 He didn't listen to me and _____ talked at me, which was really

_____ and frustrating.
그는 내 말을 듣지 않고 자기 할 말만 했는데, 정말 속상하고 짜증났어.

6 Stewart showed up at work with a big _____ on his cheek.
스튜어트는 뺨에 커다란 멍이 든 채 회사에 나타났어요.

7 Will you _____ me for a moment? I have a call from an important

_____.
잠시만 실례해도 될까요? 중요한 고객으로부터 전화가 와서요.

8 There is a _____ _____ shopping mall where you can find

everything.
없는 게 없는 거대한 지하 쇼핑몰이 있습니다.

PART

3

영어 발음 실전 훈련

연음

이미 알고 있는 단어나 표현인데, 이상하게도 문장 속에서는 잘 안 들리는 경우가 많지요. 그 이유 중 하나는 **단어와 단어가 서로 이어지면서 마치 한 단어처럼 뭉쳐 들리기 때문인데, 이러한 현상을 연음** (linking)이라고 합니다.

연음 현상은 단어의 끝자음과 다음 단어의 첫모음이 만날 때 두드러지게 나타납니다. 특히, take a break[테이커브뤠익]처럼 하나의 의미를 이루는 단어들끼리 서로 연결되면서 연음이 형성됩니다. get up[게럽]에서 t가 모음을 만나 유음화되어 마치 'ㄹ'과 같은 소리로 들리기도 하는데, 이게 바로 연음 현상입니다. 미국 영어의 가장 큰 특징인 혀 굴리는 소리, 소위 '버터 발음'인 것이죠.

연음 현상은 왜 일어날까요? **이어서 말하면 발음하기 편하고 말할 때 힘도 덜 들기 때문**입니다. 그래서 사전의 발음기호만으로는 실제 발화되는 소리를 올바로 파악하기에 한계가 있습니다. 즉, 실제 소통되는 말을 듣고 스스로 발음해 보는 훈련이 필요한 것이죠. 이제부터 미국인들의 발음 습관을 토대로 네이티브 발음을 따라잡는 단계로 들어가 봅시다.

끝소리 자음과 첫소리 모음이 만날 때

일상적인 회화 속도로 영어를 말할 때는 단어와 단어를 자연스럽게 이어서 발음하게 되는데요, 특히 단어 끝이 자음으로 끝나고 다음 단어가 모음으로 시작할 때 서로 연결시켜 발음하는 연음 현상이 일어납니다. 앞 단어의 끝자음과 뒷 단어의 첫모음을 연결시켜 한 음절로 발음합니다.

STEP 1 • 어구 듣고 발음하기

▶ 177

	한국식 발음	미국식 발음
lots of	랏쓰 오브	**라**쩌v
take a break	테이크 어 브레이크	테이커 브뤠익
both of us	보쓰 오브 어스	**보**우(θ)써(v)버쓰
half an hour	해프 언 아우어	해(f)퍼**나**우어r
fill out	필 아웃	(f)**필**라웉
all around us	올 어라운드 어스	**오**얼러라운더쓰
Just a moment.	저스트 어 모먼트	쥐스터 **모**우먼ㅌ
Come on in.	컴 온 인	**커머**닌

take a break 휴식을 취하다 fill out (양식을) 작성하다 Come on in. 들어오세요.

 발음/청취 KEY POINTS

- lots of에서 -ts로 끝나는 단어는 [ㅉ]처럼 발음하는 경향이 있습니다.
- take a break에서 take는 철자상 모음 -e로 끝날지라도 발음은 [k] 소리로 마무리돼요. 그리고 뒤이어 나오는 단어 a와 연결하여 [테이커]로 발음합니다.
- Just a moment.의 just는 뒤의 모음과 연음되어 [쥐스터]로 소리 납니다. 반면에 Wait a minute.의 wait는 t가 [ㄹ]로 약화되어 [웨이러]처럼 발음됩니다. 이와 관련된 내용은 다음 유닛에서 더 자세히 학습하세요.

1 It takes me **half an hour** to get there by taxi. hour의 h는 묵음이에요.
택시로 그곳까지 가는 데 30분이 걸립니다.

2 **Come on in.** You're ten minutes early for the meeting, which is perfect!
들어오세요. 회의 시간보다 10분 일찍 왔군요. 좋아요!

3 I want you to **fill out** this form and make sure all the highlighted areas are filled out. 이 양식을 작성하시는데, 형광펜으로 표시된 부분은 모두 꼭 기입해 주세요.

4 Let's **take a break** for 15 minutes, and then we will get back to training. 15분 쉽시다. 그리고 다시 교육에 들어가겠습니다.

5 She likes to end her email with "**Lots of** Love" to make me feel special.
그녀는 이메일 끝에 '사랑을 듬뿍 담아'를 써서 나로 하여금 특별하다고 느끼게끔 하는 것을 즐깁니다.

get back to ~로 돌아가다   training 교육, 훈련

1
A Why don't we get together, **have a bottle of** beer, and **talk about** this sometime this weekend?
이번 주말 언제 만나서 맥주 한잔 하며 이걸 얘기하는 거 어때?

B Oh, that sounds **like a** plan. Send me a text and let me know when and where. I will keep my schedule open.
좋은 생각이야. 언제 어디서 만날지 문자로 알려 줘. 일정 비워 두고 있을게.

2
A This training session has two parts. First, I will do the presentation. Then, we will **break up** into groups for small group activities.
이번 교육은 두 개의 파트로 구성됩니다. 먼저 제가 발표를 하겠습니다. 그리고 나서 그룹을 나눠 소그룹 활동을 할 것입니다.

B Do we get any **break in** between?
중간에 휴식 시간이 있나요?

A Yes, of course. We will **have a** 15-minute break.
네, 물론이죠. 15분간 휴식 시간이 있을 거예요.

get together 만나다   training session 교육 과정, 연수   break up into ~으로 분산되다   in between 중간에

A 다음 문장을 잘 듣고 어느 곳에서 연음 현상이 일어나는지 표시해 보세요.

1 I think I'll take a break. 좀 쉬어야겠어.

2 Both of us like to go camping. 우리 둘 다 캠핑 가는 걸 좋아해.

3 Can you fill out this form, please? 이 양식을 작성해 주시겠어요?

4 I had lots of fun tonight. 오늘 밤 정말 재미있었어요.

B 다음 문장을 잘 듣고 빈칸에 들어갈 알맞은 단어를 쓰세요.

1 I will bring _____ _____ _____ chocolate.
초콜릿 한 상자 가져갈게요.

2 She was here _____ _____ _____ ago, but I'm not
sure if she's coming back.
그녀는 30분 전까지는 여기 있었는데 돌아올지 모르겠네요.

3 Wait a minute. Give me _____ _____ _____ to
check on that.
잠깐만요. 바로 확인해 드릴게요.

4 _____ _____ _____. This is your first time to come
to my house, right?
들어오세요. 저희 집에는 처음 오시는 거죠?

C 다음 대화를 잘 듣고 빈칸에 들어갈 알맞은 단어를 쓰세요.

1 A Do we have everything for the picnic?
소풍에 가져갈 거 다 챙겼어?

B I think we still need to _____ _____ a few items at the
store.
내 생각엔 가게에 들러서 몇 가지 더 사야 할 것 같아.

2 A May I speak to Michael, please?
마이클이랑 통화할 수 있을까요?

B _____ _____ _____. Let me get him on the phone.
잠시만 기다리세요. 바꿔 드릴게요.

[t]가 모음을 만나 [ㄹ] 소리로

미국 영어에서는 t를 기본 발음인 [ㅌ]로 발음하지 않고 [ㄹ]처럼 약화시켜 발음하는 경우가 많습니다. party[파아ㄹ리], water[워어러r]처럼요. 이는 t처럼 거친 소리를 피하고 발음을 매끄럽고 편하게 하려는 미국식 영어의 대표적 특징이죠. 이런 현상은 한 단어 안에서도 일어나고, 단어와 단어가 연결될 때도 나타납니다. 특히 앞 단어의 마지막 소리로 t가 나오고 그 뒤에 모음이 이어질 때 [ㄹ]처럼 약화시켜 발음합니다.

STEP 1 • 어구 듣고 발음하기

○ 181

	한국식 발음	미국식 발음
get up	겟 업	게**렆**
put away	풋 어웨이	푸러**웨**이
a lot of	얼 랏 오브	얼**라**러v
figure it out	피겨 릿 아웃	(f)피겨리**라**웉
sought after	소웃 애프터	**쏘**어래(f)프터r
Not at all!	낫 앳 올	나래**로**얼
Get in the car.	겟 인 더 카	게린(ð)더**카**아r
Stay out of it.	스테이 아웃 오브 잇	ㅅ**떼**이아우러(v)빝

put away 버리다, 치우다   figure it out (어려운 일을) 해내다, 성공하다   sought after 수요가 많은, 인기 있는
Stay out of it. 상관하지 마.

발음/청취
KEY POINTS

• 두 단어가 연결될 때 앞 단어의 끝소리 t는 다음에 오는 단어의 모음 소리와 만나면 [ㄹ]로 약화되어 발음됩니다. Not at all!의 경우, Not의 t와 at의 t가 모음을 만나 연음되면서 [나래로얼]처럼 들립니다. 이때 all의 a는 입과 턱을 크게 벌리고 [오어] 하고 소리 냅니다.

• 동사 뒤에 나오는 부사는 강세를 넣어 발음하는 경향이 있습니다. 예를 들어 get up, put away, cut it out은 동사의 끝소리 t가 모음을 만나 [ㄹ]과 비슷한 소리로 약화되고, 뒤의 부사에 강세를 넣어 [게렆], [푸러웨이], [커리라웉]처럼 발음합니다.

1   He spent **a lot of** money to buy that brand-new sports car.
그는 돈을 많이 들여 그 최신 스포츠카를 구입했어요.

2   **Get in the car**. We are running late for the meeting.
차에 타. 우리 이러다가 회의에 늦겠어.

> meeting[미링], better[베러r]처럼 한 단어 안에서도 t가 [ㄹ]처럼 약화되기도 해요.

3   I would **stay out of it** and let them **figure it out** among themselves.
난 관여하지 않고 그들끼리 알아서 해결하게 내버려 둘 거야.

4   Well, I'd better get going. I have to **get up** early tomorrow.
그만 가 봐야겠어. 내일 일찍 일어나야 하거든.

5   I told her that she should **put away** foolish ideas about her future.
그녀 자신의 미래에 대한 어리석은 생각은 버려야 한다고 내가 일러 줬지.

brand-new 신제품인   be running late (예정보다) 늦어지다   get going 떠나다, 출발하다

1

A Did you see a brand-new sports car parked in front of the building?
건물 앞에 최신 스포츠카 한 대 서 있는 거 봤어?

B Of course. That's Steve's. He spent **a lot of** money for that vehicle.
그럼. 그거 스티브 거야. 걔 그 차 사는 데 돈 많이 썼어.

2

A The apartments in this area are highly **sought after**. So the rent is higher than in any other areas.
이 지역 아파트는 정말 수요가 많아. 그래서 집세가 다른 지역보다 더 높아.

B I see. I can pay more rent but save time commuting to work and going grocery shopping.
맞아. 집세를 더 낼 수도 있지. 출퇴근 시간과 장 보는 시간은 절약할 수 있다면 말이야.

vehicle 차량, 자동차   commute to work 통근하다   go grocery shopping 장 보러 가다

A 다음 문장을 잘 듣고 t가 [ㄹ]로 약화되어 발음되는 곳을 <u>모두</u> 찾으세요.

1 Would you turn the light on, please? 불 좀 켜 주시겠어요?
ⓐ   ⓑ

2 You need to get it done by this Thursday. 이번 주 목요일까지 그것을 끝내야 해요.
ⓐ   ⓑⓒ

3 In the short term, just wait it out and see what they have to say.
ⓐ   ⓑ   ⓒⓓ ⓔ
단기적으로 그냥 기다리면서 그들이 뭐라고 하는지 보세요.

B 다음 문장을 잘 듣고 빈칸에 들어갈 알맞은 단어를 쓰세요.

1 Would you step _____ _____ your car?
차에서 내려 주시겠습니까?

2 We spent _____ _____ _____ time and money on
that project.
우리는 그 프로젝트에 많은 시간과 비용을 썼습니다.

3 It won't take long; we will just _____ _____ and
_____ _____.
오래 걸리지는 않을 거야. 우리는 그냥 들어갔다가 바로 나올 거야.

4 It's getting chilly at night. _____ _____ a jacket or a sweater
when you take an evening stroll.
밤에는 쌀쌀해지고 있어. 저녁 산책을 나갈 때 재킷이나 스웨터를 입도록 해.

C 다음 대화를 잘 듣고 빈칸에 들어갈 알맞은 단어를 쓰세요.

1 A The new record system is not very customer friendly.
새로운 기록 시스템은 그다지 고객 친화적이지 않아요.
  B I know. It gets hard to _____ _____ _____ when
I need to pull out some data.
맞아요. 자료를 좀 뽑으려고 할 때 시스템이 어떻게 돌아가는 건지 이해하기가 힘들어요.

2 A I don't see any cigarettes and ashtrays around here today.
오늘 웬일로 이 주변에 담배와 재떨이가 보이지 않네.
  B I needed to _____ _____ stuff like that because my parents
visited me yesterday.
어제 부모님이 오셔서 그런 것들을 싹 다 치워야 했어.

같은 자음이 나란히 이어질 때

우리말에서는 같은 음이 반복될 때 하나하나 모두 발음해 주지만, 영어는 같은 자음 소리가 이어져 나오는 경우 겹쳐 나온 자음을 한 번만 발음하는 현상이 일어납니다. 예를 들어 channel, summer, terror처럼 자음이 반복되면 [채늘], [써머r], [테러r]로 겹치는 자음을 한 번만 발음합니다. 이렇게 겹치는 자음을 한 번만 발음하는 현상은 단어와 단어 사이에서도 일어납니다. gas station의 경우, 이어서 나오는 [s]를 한 번만 발음하기 때문에 [개애쓰떼이션]처럼 들리죠.

STEP 1 • 어구 듣고 발음하기　　　　　　　　　　　　　　　　　　　　　　　　　⏵ 185

	한국식 발음	미국식 발음
bad day	배드 데이	**배**애데이
gas station	개스 스테이션	**개**애쓰**떼**이션
right turn	라잇 턴	**롸**이터r언
enough food	이너프 푸드	이너(f)**푸**읃
should do	슈드 두	슈**두**
big game	빅 게임	**비**게임
top producer	탑 프로듀써	**타**아프러**듀**우써r
hot topic	핫 토픽	하아**타**아픽

right turn 우회전　top producer (회사나 팀에 가장 큰 기여를 한) 최고 공로자　hot topic 관심이 많은 주제

발음/청취
KEY POINTS

• 철자상으로는 같은 자음이 아니더라도 같은 소리로 발음되는 경우가 있으므로 주의해야 합니다. enough food의 경우, enough의 -gh가 [f]로 발음되면서 food와 연결되어 [f]를 한 번만 발음합니다.

• 예외적으로 [tʃ]와 [l]는 연속되더라도 각각의 음가를 모두 표현합니다.
　예) which chapter [위츄 쵋터r]　gentle leader [젠틀 리더r]

---

1   I just had a **bad day** today.
나 오늘 일진이 안 좋았어.

2   Lately, abortion is a **hot topic** in America.
최근에 낙태는 미국에서 뜨거운 논쟁거리가 되고 있습니다.

3   It's going to be a **big game** for them because it will determine who will go to the championship game.
이 경기는 어느 팀이 챔피언 결정전에 오를지 결정하기 때문에 그들에게 중요한 경기가 될 것입니다.

4   Can you google and find out a **gas station** near me?
구글로 검색해서 가까운 주유소 좀 찾아 줄래?

5   Betty was given an award for being the **top producer** of the year 2022 in my company.
베티는 우리 회사에서 2022년 최고 공로자상을 받았어요.

abortion 낙태   determine 결정하다   give an award 상을 주다

1

A   Can you google the **gas station** near me?
구글에서 가까운 주유소 좀 검색해 줄래?

B   I'm not getting any reception now; we need to get out of these mountains.
지금은 신호가 안 잡혀. 우리는 이 산을 빠져나가야 해.

2

A   Are you okay? You look so tired.
괜찮아? 너 아주 피곤해 보이는데.

B   I just had a **bad day**; I got a **flat tire**, I was late for work, my boss rejected my report, and my computer shut down on me.
오늘 일진이 사나웠어. 타이어가 펑크 나서 회사에 지각했는데, 상사는 보고서를 퇴짜 놓지 않나, 게다가 컴퓨터까지 다운됐어.

reception (TV, 전화 등의) 수신 상태   get a flat tire (타이어가) 펑크 나다
reject 거부하다, 퇴짜 놓다   shut down (기계가) 멈추다

A 다음 문장을 잘 듣고 연음되면서 해당 음가가 사라지는 곳을 모두 찾으세요.

1 Pass the gas station on your right.
 ⓐ   ⓑ   ⓒ   ⓓ

당신의 오른쪽에 있는 주유소를 지나가세요.

2 It was a sad day for people from England when Queen Elizabeth II passed.
 ⓐ   ⓑ   ⓒ   ⓓ

엘리자베스 2세 여왕이 서거했을 때가 영국인들에게는 슬픈 날이었다.

3 I got bad stomach cramps after I ate dinner at the restaurant.
 ⓐ   ⓑ   ⓒ   ⓓ

그 식당에서 저녁을 먹고 난 후 심한 복통이 있었어.

B 다음 문장을 잘 듣고 빈칸에 들어갈 알맞은 단어를 쓰세요.

1 I think everyone in the family _____ _____ the housework together.

집안일은 가족 모두 함께해야 한다고 생각해.

2 The Ukraine War was a _____ _____, but it is not anymore.

우크라이나 전쟁은 한때 뜨거운 관심거리였지만 더 이상은 아니다.

3 He was a _____ _____, but he was a gentle leader.

그는 덩치가 큰 사람이었지만 온화한 리더였어요.

4 We have _____ _____ to last till the end of the week.

우리에겐 주말까지 버틸 음식이 충분히 있어.

C 다음 대화를 잘 듣고 빈칸에 들어갈 알맞은 단어를 쓰세요.

1 A _____ _____ would you like to meet me on MS Teams tomorrow? 마이크로소프트 팀에서 내일 몇 시에 만날까요?

 B How about at ten thirty in the morning? 오전 10시 반 어때요?

2 A Make a _____ _____ at McDonald's, and stay on the road until you see the sign.

맥도날드에서 우회전한 후 간판이 보일 때까지 그 길을 계속해서 따라가세요.

 B What did the sign say again?

간판에 뭐라고 써 있다 했죠?

 A Arirang Plaza.

아리랑 플라자요.

뒤에 모음이 와도 약화되지 않는 t

t가 앞 단어의 마지막 소리로 오고 뒤에 모음이 오면 [ㄹ]로 약화되어 발음되는 현상에 대해 배웠습니다. 하지만 항상 t가 [ㄹ] 소리로 약화되는 것은 아닙니다. t 앞에 다른 자음이 놓인 경우에는 뒤에 모음 소리가 이어지더라도 소리가 약화되지 않고 본래의 [ㅌ] 소리로 발음됩니다. -st, -ct, -pt, -lt로 끝나는 단어가 바로 이에 해당하죠. 그러나 -nt로 끝나는 단어의 경우에는 끝자음 t가 들리지 않기도 합니다.

다음 어구와 예문을 잘 듣고 따라 말해 보세요. ▶ 189

first of all [(f)퍼r스터(v)럴]	waste of time [웨이스터v타임]
impact on [임팩턴]	expect a lot [익쓰뻭터랄]
slept on it [슬렙터닡]	adopt a child [어닾터촤일드]
built on a hill [빌터너힐]	belt around [벨터롸운드]
went on strike [웬넌ㅅ뜨롸익]	ignorant of [익너뤄너v]

First of all, wash your hands.
먼저 손부터 씻어.

The epidemic has a serious **impact on** the economy.
전염병은 경제에 심각한 영향을 미친다.

I **slept on it** and decided to accept their offer.
나는 심사숙고한 후 그들의 제안을 받아들이기로 결정했어요.

He wore a wide leather **belt around** his waist.
그는 넓은 가죽 벨트를 허리에 차고 있었어요.

The workers **went on strike** for a wage increase.
노동자들은 임금 인상을 위한 파업에 들어갔습니다.

EXERCISE

A 연음 현상에 주의하여 다음 어구를 잘 듣고 빈칸을 채우세요.

1 clean _____

2 _____ out

3 turn _____ _____

4 _____ _____ of

5 _____ up

6 stay _____ _____ it

7 _____ _____ out

8 move _____

9 _____ and _____

10 sought _____

B 연음 현상에 주의하여 다음 문장을 잘 듣고 빈칸을 채우세요.

1 She didn't _____ _____ well with her coworkers.
그녀는 동료들과 잘 어울리지 못했어요.

2 _____ _____ for a minute. Are you saying that you're
going to _____ _____ for the military to go to war?
잠깐만요. 군대에 자원 입대해서 전쟁에 나가겠다는 말이에요?

3 _____ _____ _____ can correct the past.
We just have to _____ _____ and try not to make the
same mistake again.
우리 중 어느 누구도 과거를 바로잡을 수는 없다. 계속 전진하면서 같은 실수를 반복하지 않도록 노력해야 할 뿐이다.

4 Do you know who that beautiful lady in the _____ _____
standing _____ _____ the CEO is?
빨간 드레스를 입고 CEO 옆에 서 있는 저 아름다운 여자분이 누구인지 아세요?

5 My wife gets _____ _____ everything I say and do.
I can't seem to figure _____ _____.
아내는 내가 무슨 말과 행동을 하든 매사 화를 내. 도대체 이해가 안 가.

C 연음 현상에 주의하여 다음 단락을 잘 듣고 빈칸을 채우세요.

1   My wife and I visited Tommy's restaurant _____ _____.

Our friends _____ _____ they really liked it, so we

_____ _____ see for ourselves. We are glad we did!

아내와 나는 지난 화요일 토미네 식당에 다녀왔는데요. 친구들이 그 식당이 음식을 잘한다고 해서 직접 확인하러 우리도
한번 가 봤어요. 가 보기를 잘했어요!

2   Turmeric _____ _____ spice popular for lowering

cholesterol and preventing cancer, depression, and type 2 diabetes.

You can _____ _____ in curry and rice or sprinkle it on a

stir fry or any _____ _____ soup.

강황은 향신료로, 콜레스테롤을 낮추고 암, 우울증, 제2형 당뇨병을 예방한다고 잘 알려져 있습니다.
카레라이스로 먹을 수도 있고 볶음 요리나 국물 요리에 뿌려 먹을 수도 있습니다.

3   For certain things, you just need to wait them out and _____

_____ go by. You will _____ _____ later on.

If not, just keep moving on forward.

어떤 경우에는 그저 기다리면서 시간이 흘러가게 두고 보세요. 그렇게 하다 보면 나중에 답이 나오기도 하거든요.
답이 안 나오면 그냥 하던 대로 밀고 나가는 거죠.

4   First, _____ _____ the pan and pour some oil

_____ _____. Wait _____ _____

_____ until the oil in the pan is hot, and then add the meat and

the vegetables.

먼저 팬을 뜨겁게 달구고 거기에 기름을 뿌리세요. 팬의 기름이 뜨거워질 때까지 잠시 기다렸다가 고기와 야채를 넣으세요.

EXERCISE

D 연음 현상에 주의하여 다음 대화를 잘 듣고 빈칸을 채우세요.

1 A This copier is not working. I think it's _____ _____ order.
이 복사기 작동이 안 돼. 고장난 것 같아.

B That's interesting. I just made copies, and it worked fine.
이상하네. 방금 내가 복사했는데 그때는 제대로 작동했거든.

2 A Excuse me. Didn't you see the sign that says, "_____

_____ messes immediately."? You're supposed to

_____ _____ _____ your dog.
실례합니다. "배설물 처리를 즉시 하세요."라는 팻말 못 보셨나요? 반려견 배설물을 치워야 해요.

B Sorry. I don't have a bag to _____ _____ _____.

Let me find one. There should be a dog waste bag dispenser around

here.
죄송합니다. 배변 봉투가 없어서요. 가서 찾아볼게요. 이 근처에 반려견 배변 봉투 분배함이 있을 거예요.

3 A Hello. May I speak with Ms. Henderson?
여보세요. 헨더슨 씨와 통화할 수 있을까요?

B _____ _____ vacation till next week. Would you like to

_____ _____ message?
그분은 다음주까지 휴가신데요. 메시지 남기시겠습니까?

4 A Thank you for all your help for us to complete this training. I hope it

_____ _____ much of a hassle for you. I know you're

very busy.
저희가 이 교육을 마치도록 도와주셔서 감사해요. 너무 번거롭지 않으셨는지요. 많이 바쁘신 걸로 알아요.

B Oh, _____ _____ _____! I get requests like that

all the time. The system is not customer friendly, and it's

_____ _____ to navigate.
아, 아니에요! 항상 그런 요청을 받습니다. 시스템이 고객 친화적이지 않고, 탐색하기가 쉽지 않거든요.

5 A Do we have _____ _____ to _____ _____
      Saturday?
      토요일까지 먹을 음식이 충분해?

   B Let me check. We have enough eggs and bread. But we have almost
      _____ _____ _____ rice.
      확인해 볼게. 계란과 빵은 충분해. 그런데 쌀이 거의 떨어졌어.

   A We can wait for that. We can order Chinese food either tonight or
      tomorrow. Then we will go get some groceries.
      그 정도면 기다릴 수 있지. 오늘 저녁이나 내일 중국음식을 주문하면 되겠다. 그리고 나서 장을 보러 가자.

6 A My daughter is going to college. She will be leaving the nest.
      I'm worried that she's going to do well without me.
      내 딸이 대학교에 들어가. 우리 품을 떠나서 독립할 건데, 나 없이 잘 해낼지 걱정이야.

   B Oh, no worries. She's a _____ _____. She can handle it.
      It's time for you to let go and let God _____ _____
      _____ her.
      아, 걱정하지 마. 그 애도 다 큰 성인이라고. 감당할 수 있어. 이제는 손 떼고 신에게 맡길 때가 온 거야.

   A You're right. I just hope she is able to make the right decisions and
      can protect herself.
      네 말이 맞아. 그저 우리 애가 옳은 결정을 내리고 자신을 보호할 수 있길 바랄 뿐이야.

PART

3

영어 발음 실전 훈련

탈락

영어 문장이 잘 들리지 않는 또 다른 원인 중의 하나는 자음 탈락 때문입니다. 여기서 '탈락'은 '묵음'과는 다릅니다. 사전의 발음기호에는 발음하도록 표기되어 있지만, **실제로 구나 문장 단위로 말할 때는 일부 음가가 없어지는 현상**을 말합니다.

탈락 현상은 문장 안에서 이어져 나오는 단어 사이에 모음이 없이 자음과 자음이 서로 충돌되는 경우가 생겨서 일어납니다. 발음을 순조롭고 편하게 하고자 하는 의도에서 일정한 소리를 생략 또는 약화시키는 데서 비롯되었죠.

탈락 현상의 기본 원칙은 끝소리 자음을 생략 또는 약화시키고, 뒤따라 나오는 첫소리 자음을 뚜렷하게 발음하는 것입니다. 결과적으로 혀의 움직임이 최소화되면서 발음이 원활하고 매끄러워집니다. 예를 들어 think tank를 '씽크탱크'라고 하기보다는 [(θ)씽탱ㅋ]로 발음할 때 또렷하게 들리고 발음도 쉽습니다. 지금부터 어떤 경우에 탈락 현상이 일어나는지 살펴보고 연습해 봅시다.

겹쳐 나올 때 탈락되는 받침소리

발음 방법이 비슷한 두 자음이 연달아 오면 앞 자음이 약화되거나 탈락되는 현상이 일어납니다. 충돌되는 자음 중 앞 자음을 약화 또는 생략하여 발음을 더 원활하고 매끄럽게 하려는 것이죠. 예를 들어 step back에서 앞 단어의 끝소리 자음 p와 뒷 단어의 첫소리 자음 b는 발음하는 방법이 동일합니다. p는 무성음, b는 유성음이라는 차이만 있죠. 그래서 p와 b가 이어지는 경우를 일반적인 대화 속도에서 들으면 [p]는 들릴 듯 말 듯 약해지고 [b]는 뚜렷하게 표현되어 [ㅅ뗍백] 처럼 소리 난다는 것을 느낄 수 있습니다.

STEP 1 • 어구 듣고 발음하기　　　　　　　　　　　　　　　　　　　　▶ 192

	한국식 발음	미국식 발음
blood type	블러드 타잎	블럿**타**잎
need to	니드 투	**니**잇투
good time	굿 타임	굿**타**임
include tax	인클루드 택스	인클루웃**택**ㅆ
step back	스텝 백	ㅅ뗍**백**
can't help but	캔 헬프 벝	캔헤얼**벝**
jump ball	점프 볼	**쥠**보얼
have fun	해브 펀	햅(f)**펀**

blood type 혈액형　step back 물러나다, 한 걸음 물러나 생각하다　can't help but ~하지 않을 수 없다

발음/청취
KEY POINTS

- d/t, b/p, v/f처럼 발음 방법이 유사한 두 자음이 앞 단어의 끝소리와 뒷 단어의 첫소리로 이어져 나오면 앞 단어의 끝소리 자음은 받침소리처럼 약하게 소리 내거나 탈락시키고, 뒤 따라오는 자음을 강하고 뚜렷하게 발음합니다.
- 한 단어 내에서도 이러한 자음 충돌이 일어납니다. necktie의 경우 neck-과 -tie 두 음절로 나눌 수 있는데, 첫 음절의 -ck[k]음이 받침소리처럼 약하게 발음되고, -tie에서 [t]음이 강하게 터져 나와 [넥타이]처럼 발음됩니다.

1 I **need to** transfer twice to get there.
거기 가려면 두 번 갈아타야 해요.

2 Please **step back** and let me handle the situation here.
뒤로 물러서서 제가 여기 상황을 처리하게 해 주세요.

3 I hope you have a **good time** during this tour.
이번 여행 동안 즐거운 시간 보내시길 바랍니다.

4 I **can't help but** laugh about it instead of being mad.
나는 그것에 대해 화를 내는 대신 웃을 수 밖에 없네요.

5 Does that price **include tax** and service charges?
그 가격에 세금과 서비스료가 포함되어 있나요?

transfer 갈아타다   handle the situation 상황을 처리하다   service charge 서비스료, 봉사료

1
A Hey, Mike. Where are you going?
마이크, 어디 가?

B I **need to** mail this package to my grandfather. His birthday is coming soon.
할아버지께 이 소포를 부치려고 해. 할아버지 생신이 곧 다가오거든.

2
A Did you **have fun** on your trip to New York?
뉴욕 여행 재미있었어?

B It was awesome! I want to go there again next summer.
정말 좋았어! 내년 여름에도 또 가고 싶어.

mail a package 소포를 부치다

A 잘 듣고 보기 중 빈칸에 들어갈 알맞은 단어를 고르세요.

1 _____ back   ⓐ sing   ⓑ step   ⓒ sit

2 _____ fun   ⓐ have   ⓑ help   ⓒ has

3 _____ tax   ⓐ inside   ⓑ include   ⓒ enclose

4 _____ ball   ⓐ gym   ⓑ joint   ⓒ jump

B 다음 문장을 잘 듣고 빈칸에 들어갈 알맞은 단어를 쓰세요.

1 This bag is so pretty. I can't _____ _____ buy it!
   이 가방 너무 예뻐. 이건 살 수 밖에 없어!

2 Does _____ _____ really determine a person's personality?
   혈액형으로 정말 사람의 성격을 알 수 있을까요?

3 _____ _____ in your life and laugh a lot every day.
   여러분의 인생을 즐기고 매일 많이 웃으세요.

4 The new refund policy is that you _____ _____ bring the
   item and the receipt within 14 days of the purchase.
   새로운 환불 규정은 구입 후 14일 이내에 제품과 영수증을 가져와야 한다는 것입니다.

C 다음 대화를 잘 듣고 빈칸에 들어갈 알맞은 단어를 쓰세요.

1 A I don't know what happened. My plan turned out to be a total disaster.
      어떻게 된 건지 모르겠어. 내 계획은 완전히 망했어.

   B Well, I think it's time to _____ _____ and think things
      through.
      음, 한발 물러서서 충분히 생각해 봐야 할 때인 것 같아.

2 A Are you having a _____ _____?
      즐거운 시간 보내고 계신가요?

   B Yes, thank you! This is our family vacation, and we're really enjoying
      everything here.
      네, 감사합니다! 가족 휴가인데, 여기 모든 게 정말 재미있어요.

total disaster 완전한 실패작, 대실패   think through ~을 충분히 생각하다, 심사숙고하다

-nd, -nt, -nk로 끝나는 단어가 자음을 만날 때

-nd/-nt/-nk로 끝나는 단어 뒤에 자음으로 시작하는 단어가 오면 끝소리 [d]/[t]/[k]가 들리지 않고 지나가기도 합니다. 예를 들어, weekend plan은 weekend의 -nd 뒤에 자음 p가 이어지면서 끝소리 [d]가 탈락되어 [위이켄플랜]처럼 들리는 것이죠. 이러한 현상은 말하는 속도가 빨라지면서 자음이 충돌되니까 발음을 편하게 하고자 일정한 소리를 생략 또는 약화시키는 데서 비롯됩니다.

STEP 1 • 어구 듣고 발음하기

▶ 196

	한국식 발음	미국식 발음
weekend plan	위켄드 플랜	**위**이켄플**랜**
background check	백그라운드 체크	**백**그라운**췍**
beyond comprehension	비욘드 컴프리헨션	비**야**안캄프리**헨**션
current job	커런트 잡	**커**어뤈**좌**압
intelligent person	인텔리전트 퍼슨	인**텔**리전**퍼**어r슨
unemployment rate	언임플로이먼트 레이트	어님플**로**이먼**뤠**잍
drink tea	드링크 티	쥬륑**티**이
pink dress	핑크 드레스	핑쥬**뤠**ㅆ

background check 신원 조사　beyond comprehension 이해할 수 없는　unemployment rate 실업률

- -nt의 경우 단어와 단어가 이어질 때뿐만 아니라 한 단어 안에서도 n 뒤의 t가 탈락되어 발음되기도 합니다.

  예) gentleman [제늘맨]　twenty [트웨니]　interchange [이너r췌인쥬]

- -nd/-nt/-nk 뒤에 모음이 오는 경우, [d]/[t]/[k] 소리가 탈락되지 않고 뒤의 모음에 자연스럽게 결합되어 발음되기도 합니다.

  예) beyond imagination [비얀디맽쥬네이션]　think of [θ씽커v]

1 Would you like to **drink tea** or coffee?
차나 커피 마시겠습니까?

2 Are you satisfied with your **current job**?
현재 직업에 만족하십니까?

3 God's ways are **beyond comprehension**.
We can't understand everything.
신의 섭리는 이해하기가 불가능하다. 우리가 모든 걸 다 이해할 수가 없다.

> Understand everything처럼 -nd 뒤에 모음이 오는 경우에도 [d]가 탈락되기도 해요. 미국인들은 대부분 -nd로 끝나는 단어의 끝자음 [d]를 소리 내지 않아요.

4 My **weekend plans** were canceled due to the rain.
주말 계획이 비 때문에 취소되었어.

5 The **unemployment rate** among college graduates is slowly rising.
대졸자들의 실업률이 서서히 상승하고 있다.

be satisfied with ~에 만족하다   due to ~때문에   college graduate 대학 졸업자

1
A Did you know Lisa was the youngest person to pass the bar exam last year?
리사가 작년 사법고시 최연소 합격자인 거 알고 있었어?

B I know. She is the most **intelligent person** I know.
알고 있지. 그녀는 내가 알기로는 최고로 똑똑한 사람이야.

2
A He didn't get a job at a government agency. He didn't pass the **background check**.
그는 정부 기관에 취직하지 못했어요. 신원 조사를 통과하지 못했거든요.

B He probably got caught due to his fraudulent use of a passport. He should have gone back to get his visa renewed.
그는 아마 여권 부정 사용으로 걸렸을 거예요. 비자를 갱신하러 돌아갔어야 했거든요.

bar exam 사법고시, 변호사 시험   government agency 정부 기관
fraudulent 사기를 치는   renew 갱신하다

A 잘 듣고 보기 중 빈칸에 들어갈 알맞은 단어를 고르세요.

1 _____ plan   ⓐ wicked   ⓑ weekend   ⓒ winning

2 _____ driving   ⓐ dramatic   ⓑ drawing   ⓒ drunk

3 _____ job   ⓐ current   ⓑ curious   ⓒ cultural

4 _____ thing   ⓐ impossible   ⓑ interesting   ⓒ important

B 다음 문장을 잘 듣고 빈칸에 들어갈 알맞은 단어를 쓰세요.

1 You look great in that _____ _____.
그 분홍색 원피스가 잘 어울리네요.

2 The new _____ _____ will go into effect as of the 1st of October this year.
새로운 환불 정책은 올 10월 1일부터 시행됩니다.

3 The _____ _____ hit an all-time high last month.
실업률이 지난달 사상 최고치를 기록했습니다.

4 She is an _____ _____, but she can be belligerent with an explosive temper.
그녀는 지적인 사람이지만, 욱하는 성격이라 공격적일 수 있어요.

C 다음 대화를 잘 듣고 빈칸에 들어갈 알맞은 단어를 쓰세요.

1 A What do they check in a _____ _____?
신원 조사에서는 어떤 것을 확인하나요?

   B They check on criminal records, pending traffic tickets and DUIs, your credit history, and so forth.
전과 기록이나 미납된 교통 과태료, 음주 운전, 신용 기록 등을 확인합니다.

2 A There were news reports on some shocking murder cases in public places.
공공장소에서 벌어진 충격적인 살인 사건들에 관한 뉴스 보도가 나왔어요.

   B I know. It is _____ _____ how some people are so callous to do such horrible things to innocent people.
그러게요. 어떻게 무고한 사람들에게 그런 끔찍한 일을 아무렇지 않게 저지르는 사람들이 있는지 도무지 이해할 수 없어요.

belligerent 적대적인, 공격적인   pending 미결인, 남아 있는   DUI 음주 및 약물 운전   callous 냉담한

-st로 끝나는 단어가 자음을 만날 때

-st로 끝나는 단어 뒤에 자음으로 시작하는 단어가 오면 -st의 [t]는 거의 들리지 않게 됩니다. s와 t가 모두 호흡으로 표현하는 무성음이라는 데 그 이유가 있습니다. 말하는 속도가 빨라지면서 단어들을 연이어 발음하다 보면 연속된 무성음 표현이 부자연스러워지게 되죠. 그래서 첫 무성음 [s]만 강하게 표현하고 끝의 [t]는 생략하게 됩니다.

STEP 1 • 어구 듣고 발음하기

▶ 200

	한국식 발음	미국식 발음
best friend	베스트 프렌드	베ㅆ (f)ㅍ뤤ㄷ
first prize	퍼스트 프라이즈	(f)퍼어rㅆ ㅍ롸이ㅈ
roast beef	로스트 비프	뤄우ㅆ 비이f
best way	베스트 웨이	베ㅆ 웨이
just do it	저스트 두 잇	쥐ㅆ 두읱
assist customers	어시스트 커스터머스	어씨ㅆ 커스터머rㅆ
must do	머스트 두	머ㅆ두
resist pressure	리지스트 프레셔	뤼지ㅆ ㅍ뤠셔r

assist customers 고객을 돕다   resist pressure 압력에 맞서다

- -st로 끝나는 단어 뒤에 자음으로 시작하는 단어가 오면 [s]만 센 호흡으로 강하게 표현하고 [t]는 생략하는 현상이 일어납니다.
- -st로 끝나는 단어 뒤에 t-로 시작하는 단어가 오는 경우 겹치는 [t]는 한 번만 발음합니다.
  예) past tense [패스텐ㅆ]   first track [(f)퍼rㅆ츄뤡]
- w는 자음이면서 모음 소리를 내는 철자입니다. best way는 말하는 사람의 습관에 따라 best 의 끝음 [t]를 생략하기도 하고 본래의 음가대로 발음하기도 합니다.

1 I'm going to travel to attend my **best friend**'s wedding the following week.
나는 다음 주 가장 친한 친구 결혼식에 참석하기 위해 여행을 갈 거야.

2 Dave won **first prize** at the English speech contest.
데이브는 영어 말하기 대회에서 1등을 했어요.

3 The **best way** to deal with any complaints is to take it case by case.
불만 사항을 처리하는 가장 좋은 방법은 사례별로 처리하는 것입니다.

4 "**Just do it**" is a trademark of the shoe company Nike.
'저스트 두 잇'은 신발 회사 나이키의 슬로건이다.

5 Teaching my children to **resist peer pressure** is part of my parental duties.
또래 압력에 맞서도록 자식들을 가르치는 것은 부모의 역할 중 하나다.

complaint 불평, 항의   case by case 하나하나, 사례별로   peer 또래   parental duties 부모 역할

1
A What would you like today?
오늘은 무얼 드시겠습니까?

B The **roast beef** looks good. Can I have it well done?
로스트 비프가 좋아 보이네요. 웰던으로 익혀 주시겠어요?

2
A I did exactly what you said I **must do**, but I didn't get the same result.
네가 하라고 한 그대로 했는데 같은 결과가 안 나왔어.

B Did you keep the time limits exactly as I said? If not, that **must be** the reason why you didn't get what you expected.
내가 말한 대로 시간 제한을 정확히 지킨 거야? 안 지켰다면 그것 때문에 기대한 결과를 얻지 못한 거야.

time limit 제한 시간, 시한

A 잘 듣고 보기 중 빈칸에 들어갈 알맞은 단어를 고르세요.

1 my _____ date   ⓐ fast   ⓑ first   ⓒ feast

2 _____ beef   ⓐ roast   ⓑ toast   ⓒ most

3 _____ way   ⓐ both   ⓑ bulk   ⓒ best

4 _____ chance   ⓐ latest   ⓑ last   ⓒ lost

B 다음 문장을 잘 듣고 빈칸에 들어갈 알맞은 단어를 쓰세요.

1 I was deeply moved to hear him say, "Dad, you are my _____ _____!"
내 아들이 "아빠, 아빠는 저의 가장 절친한 친구예요!"라고 말하는 걸 듣고 나 완전 감동했잖아.

2 The CEO said, "Every one of you _____ _____ everything that you can do to achieve this goal."
CEO가 "이 목표를 달성하기 위해 여러분 모두가 최선을 다해야 합니다."라고 말했어요.

3 My team won _____ _____ in the soccer tournament this fall.
이번 가을 축구 대회에서 우리 팀이 우승했어.

4 For teenagers, it seems to be hard to _____ _____ from peers when it comes to clothing and shoes.
십대들에게는 옷과 신발에 있어서 또래로부터 받는 압력에 저항하는 것이 어려운 것 같아.

C 다음 대화를 잘 듣고 빈칸에 들어갈 알맞은 단어를 쓰세요.

1 A You don't need an appointment with us. _____ _____, first served.
저희 매장에서는 예약이 필요 없습니다. 선착순이에요.

    B Okay. Great. What are your business hours?
잘됐네요. 영업 시간은 어떻게 되나요?

2 A You need more staff to _____ _____. Look at these long lines.
고객 서비스 담당 직원을 더 많이 두셔야 할 것 같아요. 이 긴 줄 좀 보세요.

    B We apologize for the inconvenience.
불편을 드려 죄송합니다.

[h]가 묵음이 아닌데도 불구하고 들리지 않는 경우가 있죠. 미국인들의 발음 습관에서 자주 접하게 되는 [h]음 탈락 현상은 주로 인칭대명사 he, him, her나 조동사 have, has와 같은 단어에서 일어납니다. 대화 내용상 이미 알고 있어서 강세를 받지 않는 약세 단어들입니다. 말하는 속도가 빨라질수록 [h]음 탈락 현상이 자주 일어나는 것을 볼 수 있습니다. 하지만 약세 단어라도 대화 내용상 중요한 정보를 담게 되면 [h]음이 본래의 음가대로 발음됩니다. 또한 He is ~.처럼 주어로 쓰이거나 Have you ~?처럼 의문문에서 문장 맨 앞에 놓일 때는 [h] 탈락 현상이 일어나지 않습니다.

STEP 1 ● 어구 듣고 발음하기   ▶ 204

	한국식 발음	미국식 발음
give him	기브 힘	**기**(v)븜
what's her	왓츠 허	**왓**처r
does he	더즈 히	**더**지
did he	디드 히	**디**리
White House	와이트 하우스	**와**이라우ㅆ
would have	우드 해브	**우**르v
could have	쿠드 해브	**쿠**르v
should have	슈드 해브	**슈**르v

- White House에서 House는 첫소리 [h]음이 탈락되고, White의 끝소리 [t]는 [ㄹ]로 약화되어 [와이라우스]로 발음됩니다. 미국인들은 house, home과 같은 단어에서 첫소리 [h]음을 탈락시켜 발음하는 경향이 있습니다.
- 내용상 중요한 정보를 담거나 강조되는 단어는 [h]가 탈락되지 않습니다.

  예) It's not mine. It's <u>h</u>ers[허어r즈]. 그건 내 것이 아니야. 그녀의 것이야.
- 조동사 would, could, should 뒤에 have가 오는 경우 have의 [h]가 탈락되어 마치 of처럼 들리기도 합니다. would of, could of, should of로 혼동하지 않도록 주의해야 합니다.

1   I'm sorry but **what's her** name again?

죄송하지만, 그녀의 이름이 뭐라고 했죠?

> wh로 시작하는 의문사는
> [h]가 대부분 소리 나지 않아요.

2   **Did he** arrive early or late for the appointment?

그가 약속 시간보다 더 일찍 도착했나요, 아니면 늦었나요?

3   I **should have** called you and let you know in advance.

너에게 전화해서 미리 알려 줄 걸 그랬어.

4   You **could have** checked with them first and then paid for the service.

그쪽에 먼저 확인해 본 후에 그 서비스 요금을 지불하지 그랬어요.

5   If I had gone to the store during the special holiday sale, I **would have** been given a discount.

연휴 특별 세일 기간에 그 가게에 갔더라면 할인을 받았을 텐데.

in advance 미리, 사전에   give a discount 할인을 하다

1

A She is such a cutie. **What's her** name again?

아기가 정말 귀여워요. 이름이 뭐라고 했죠?

B Her name is Ellie. She will be two years old in November.

엘리예요. 11월에 두 살이 돼요.

2

A He received the Medal of Honor for his valor in the Korean War and was invited to be a guest speaker at the **White House**.

그는 한국전쟁에서의 용맹함으로 명예 훈장을 받았고 백악관에 초청 연사로 초대받았어요.

B The Medal of Honor is the highest military award, isn't it? That is awesome!

명예 훈장은 최고의 무공 훈장 아니에요? 대단하네요!

> isn't it?에서 isn't의 끝음 [t]는
> 탈락되어 [이즈닡]처럼 발음돼요.

cutie 귀여운 사람   medal of honor 명예 훈장   valor 용맹, 용기
guest speaker 초청 연사

A 다음 밑줄 친 부분에 주의하여 잘 듣고, 첫소리 h가 약하게 발음되는 부분을 <u>모두</u> 찾으세요.

1 He told her not to go there, but she didn't listen to him.
　　ⓐ　　　ⓑ　　　　　　　　　　　　　　　　　　ⓒ

그는 그녀에게 거기 가지 말라고 말했지만, 그녀는 그의 말을 듣지 않았어요.

2 He is asking us to give him a refund for his purchase over a month ago.
　　ⓐ　　　　　　　　　　ⓑ　　　　　　ⓒ

그는 구입한 지 한 달도 더 된 제품에 대해 환불을 요청하고 있습니다.

3 She should have told him the reason why she couldn't accept his suggestion.
　　　　　　　ⓐ　　　　ⓑ　　　　　　　　　　　　　　　　　　　ⓒ

그녀는 그의 제안을 받아들일 수 없었던 이유를 그에게 말했어야 했어.

B 다음 문장을 잘 듣고 빈칸에 들어갈 알맞은 단어를 쓰세요.

1 I hope we'll be able to ＿＿＿＿＿＿＿ ＿＿＿＿＿＿＿ sooner or later.

조만간 그를 만날 수 있기를 바랍니다.

2 The ＿＿＿＿＿＿＿ ＿＿＿＿＿＿＿ will hold a press conference concerning North Korea's recent missile test.

백악관에서 북한의 최근 미사일 실험에 관한 기자회견을 열 것입니다.

3 If I had been diligent in getting regular check-ups, I ＿＿＿＿＿＿＿ ＿＿＿＿＿＿＿ found this disease earlier.

부지런히 정기 검진을 받았다면 조금 더 일찍 병을 발견했을 텐데.

4 How ＿＿＿＿＿＿＿ ＿＿＿＿＿＿＿ forget to buy his wife's birthday present?

어떻게 그는 아내 생일 선물 사는 것을 잊어버렸대?

C 다음 대화를 잘 듣고 빈칸에 들어갈 알맞은 단어를 쓰세요.

1 A What did you ＿＿＿＿＿＿＿ ＿＿＿＿＿＿＿ when your baby girl cried?

어린 딸이 울 때 뭘 줬어요?

B I just gave her one of her favorite snacks: peanut butter cookies.

아이가 가장 좋아하는 간식 중 하나인 땅콩 버터 쿠키를 줬어요.

2 A You ＿＿＿＿＿＿＿ ＿＿＿＿＿＿＿ given her something healthy, like a piece of carrot.

너 걔에게 잘게 자른 당근 같이 건강에 좋은 걸 줬어야 했을 것 같아.

B Oh, I thought about it, but we had completely run out of carrots.

이, 나도 그럴 생각이었는데 당근이 다 떨어졌었어.

EXERCISE

A 탈락 현상에 주의하여 다음 어구를 잘 듣고 빈칸을 채우세요.

1 _____ tight

2 _____ schedule

3 _____ way

4 could _____ checked

5 _____ statement

6 _____ pressure

7 _____ prize

8 _____ policy

9 _____ House

10 _____ thing

B 탈락 현상에 주의하여 다음 문장을 잘 듣고 빈칸을 채우세요.

1 When you receive a country's citizenship, you _____

_____ what its laws say.

시민권을 획득하면 그 나라의 법을 따라야 하는 거야.

2 What do you _____ _____ motive for doing all that just

for you was?

그녀가 너를 위해서라면 그 모든 걸 다 해 준 동기가 뭐였다고 생각해?

3 Sometimes just _____ _____ and look back to see what

led you there.

이따금씩 한 걸음 물러서서 어떻게 당신이 거기까지 오게 되었는지 되돌아보도록 하세요.

4 I'm getting tired of hearing from you saying "I _____

_____ done this." or "I _____ _____ done that."

네가 "이렇게 했으면 좋았을걸.", "저렇게 할 걸 그랬어." 하는 말을 듣는 데 지쳤어.

5 After this interview, you will go through a _____ _____

to confirm your suitability to work at a _____ _____.

이 면접 후에 공무원 자격 적합 여부에 대한 신원 조사를 받게 될 것입니다.

C 탈락 현상에 주의하여 다음 단락을 잘 듣고 빈칸을 채우세요.

1 Keep an eye _____ _____. Now she's only three years

old. When you lose sight of her, and she gets quiet somewhere else,

she might be doing something she's not _____ _____

be doing. That means she's in trouble.

그 아이를 잘 지켜보세요. 이제 겨우 세 살이에요. 아이가 시야에서 사라지고 어디 다른 곳에서 조용해지면, 해서는 안 될
일을 하고 있을지도 몰라요. 사고를 쳤다는 말이지요.

2 I got a note from the mailman saying that he had _____

_____ deliver a letter. I should go downtown to pick it up

tomorrow. I _____ _____ letter badly. It might be my

acceptance letter to college. That's very _____ _____ me.

집배원이 우편물 배달을 위해 방문했다는 메모를 받았어요. 내일 시내로 나가서 편지를 찾아와야겠어요. 그 편지를 빨리
받고 싶거든요. 내 대학 입학 통지서인 것 같아요. 제겐 아주 중요한 거라서요.

3 Everyone waited for John to arrive. He was late, so we _____

_____ a call. He said he'd be at the restaurant soon and that

we should sit down _____ _____. But by the time he got

there, everyone had _____ _____.

존이 도착하기를 모두 기다렸거든. 그가 늦길래 우리는 그에게 전화를 했어. 식당에 곧 도착할 테니 자기 없이 자리를 잡
으라고 하더라고. 그런데 존이 거기 도착했을 때는 모두가 이미 식사를 마친 뒤였지.

4 The _____ _____ I met my new boss, I was very surprised.

He _____ _____ been ten years younger than me! And

he was already the _____ _____ in the office. Everyone

_____ _____ to become the company president someday.

새로 온 상사를 처음 만났을 때 나는 무척 놀랐어. 그는 분명 나보다 열 살 정도는 어리겠더라니까! 게다가 그는 벌써 지사
장이 되었어. 언젠가 그가 회사 사장이 될 거라고 모두들 생각했지.

EXERCISE

D 탈락 현상에 주의하여 다음 대화를 잘 듣고 빈칸을 채우세요.

1 A Are you having a _____ ____ _____?
좋은 시간 보내고 있으신가요?

B It's not bad. We _____ _____ expect there would be so many people like this. But thanks for asking.
괜찮네요. 이렇게 많은 사람이 왔으리라고는 전혀 예상하지 못했어요. 그래도 살펴봐 줘서 고마워요.

2 A My doc says I _____ _____ cut down on coffee.

I'd better _____ _____ tea than coffee.
의사 선생님이 나더러 커피를 줄여야 한대. 커피보다 차를 더 마셔야겠어.

B That's not a bad idea. You will get caffeine and some other benefits depending on the kind of tea you choose to drink.
나쁜 생각은 아닌 것 같네. 어떤 차를 고르느냐에 따라 카페인 섭취도 하고 다른 여러 가지 효능도 보고 말이야.

3 A Just watch out when you log into a commercial Wi-Fi. The security might be compromised.
상업용 와이파이에 접속할 때 조심해. 보안 위험이 있을 수도 있어.

B I know. I _____ _____ _____ another business's Internet service even if it is offered to me for free.
알아. 무료로 제공해 줘도 난 다른 상업용 인터넷 서비스는 사용 안 해.

4 A I heard a rumor that the CEO will announce some robust expansion plans.
CEO가 몇 가지 강력한 확장 계획을 발표할 것이라는 소문을 들었어요.

B That is actually true. HR already published some of the plans in an email today. We will find out _____ _____ _____ are in detail tomorrow.
사실이에요. 인사팀에서 오늘 이메일로 이미 일부 계획을 발표했어요. 그가 계획하고 있는 게 무엇인지 내일 자세히 알게될 거예요.

5 A The company will put more focus on targeting ＿＿＿＿＿ ＿＿＿＿＿.
회사측에서는 사기성 웹사이트를 타게팅 하는 데 더 집중할 거예요.

B That will be really good for us to ＿＿＿＿＿ ＿＿＿＿＿.

We have been getting lots of complaints about security issues.
그거 고객 지원에 정말 도움이 되겠어요. 보안 문제로 불만 제기를 많이 받잖아요.

A The company ＿＿＿＿＿ ＿＿＿＿＿ hiring IT technicians to

work as a team. So we will see!
회사에서 팀으로 일하게 될 IT 기술자들을 막 고용하기 시작했다니까 두고 봐야죠!

6 A The apartment ＿＿＿＿＿ ＿＿＿＿＿ published a new policy

yesterday. Did you read the email from them?
아파트 관리사무소에서 어제 새로운 정책을 발표했어요. 이메일 보낸 거 읽어 봤어요?

B Not yet. What did it say? Was it about the mail delivery system?
아직 못 읽었어요. 뭐라고 하던가요? 우편물 배달 시스템에 관한 건가요?

A Yes, it was. The security guards in each ＿＿＿＿＿ ＿＿＿＿＿

will receive packages delivered for your unit.
네, 맞아요. 각 아파트 건물의 경비원들이 각 가구로 배송된 소포를 받아 준다네요.

B They ＿＿＿＿＿ ＿＿＿＿＿ ＿＿＿＿＿ that way earlier,

but I'm glad they will receive packages for us. Nice!
진작에 그렇게 했어야죠. 그래도 우리 소포를 받아 준다니 좋네요. 잘됐어요!

3

PART

영어 발음 실전 훈련

3강 동화

이번에는 단어와 단어를 연이어 발음할 때 앞 단어의 끝소리와 다음 단어의 첫소리가 연결되면서 전혀 다른 소리로 변화하는 현상에 대해 살펴보겠습니다.

지하철역 중에 '선릉'과 '왕십리'를 발음할 때 각각 [설릉]과 [왕심니]로 발음되는 것을 알 수 있습니다. 서로 다른 두 음이 연결되면서 발음하기 편하게 소리가 변하는 것이죠. 이처럼 **앞뒤 음의 영향으로 소리가 변하는 현상을 '동화'**라고 합니다.

영어에서도 이와 같은 동화 현상이 일어납니다. 앞 단어의 끝자음과 다음 단어의 첫모음이 연결되어 예상하지 않았던 소리가 나는데요, 앞뒤 소리가 서로 영향을 주고받아 새로운 소리가 만들어집니다. 이러한 동화 현상을 이해하면 실제 미국인들의 대화도 훨씬 더 잘 들릴 것입니다.

앞선 자음 [d]/[t]를 변화시키는 [j]

자연스러운 속도로 말할 때 단어와 단어 사이의 발음이 서로 동화되어 전혀 다른 소리로 변화하는 현상이 생깁니다. 예를 들어 send you의 발음을 들어보면 [쎈듀]가 아닌 [쎈쥬]처럼 들리죠. you의 첫 소리인 [j]가 이런 변화를 일으키는 장본인인데요, [d]음이 [j]음을 만나면 [dʒ]로 변합니다. 이와 비슷하게, [t]음이 [j]음을 만나면 [tʃ]로 변하기도 합니다. 대개 -d/-t로 끝나는 동사 뒤에 you/your가 나올 때 이런 현상이 일어납니다.

STEP 1 • 어구 듣고 발음하기 ▶ 210

	한국식 발음	미국식 발음
lend you	렌드 유	**렌**쥬
need you	닏 유	**니**이쥬
send you	쎈드 유	**쎈**쥬
feed your	핃 유어	**(f)피**이쥬어r
cost you	코스트 유	**코**어스츄
put your	풑 유어	**푸**츄어r
boost your	부스트 유어	**부**우스츄어r
twist your	트위스트 유어	**ㅌ위**스츄어r

boost 끌어올리다, 북돋우다   twist 비틀다, 왜곡하다

발음/청취 KEY POINTS

- -d로 끝나는 단어가 [j]로 시작하는 단어를 만나면 [dʒ]로 동화되고, -t로 끝나는 단어가 [j]로 시작하는 단어를 만나면 [tʃ]로 동화됩니다.
- [j]로 시작하는 모든 단어에서 이런 현상이 일어나는 것은 아닙니다. 대개 강세를 받지 않는 [j]가 [d]/[t] 뒤에 이어질 때 이런 현상이 일어나죠. you나 your는 문장 내에서 강세를 받지 않는 대명사입니다.
- 철자상 y-나 u-로 시작하는 단어는 [j]음으로 시작됩니다. 하지만 last year, first unit과 같은 단어에서는 이런 현상이 일어나지 않습니다.

1　I **need you** to go through this process.
여러분은 이 과정을 거쳐야 합니다.

2　It will **cost you** three thousand dollars to pay the fine.
벌금을 내는 데 3,000달러가 들 것입니다.

3　**Feed your** mind with good things, such as affirmations and positive images.
격려하는 말이나 긍정적인 이미지와 같은 좋은 것들로 마음을 채우세요.

4　The flu vaccine is supposed to **boost your** immune system, but it doesn't always work that way.
독감 백신은 면역 체계를 증진하기 위한 것이지만, 꼭 그렇게만 작용하는 것은 아니다.

5　They will **send you** a check in the mail in ten business days.
그쪽에서는 영업일 기준 10일 이내로 수표를 우편으로 보낼 것입니다.

affirmation 확언, 긍정　immune system 면역 체계　check 수표, 현금 교환권　business day 영업일, 평일

1

A　I had better make sure to stop even when it turns to yellow.
노란불로 바뀌면 반드시 차를 멈추도록 해야겠어.

B　That's the best practice of defensive driving. Otherwise, it may **cost you** a hefty fine and an all-day class on driving safety.
그게 바로 방어 운전의 본보기야. 그렇지 않으면 엄청난 벌금을 물게 되고 하루 종일 안전 운전 교육을 받게 될 수도 있어.

2

A　I ordered a new refrigerator, but the delivery has been delayed till next Thursday.　냉장고를 새로 주문했는데 배송이 다음 주 목요일로 미뤄졌어요.

B　My apologies for the inconvenience. We will give you a credit of $50. Or we can **lend you** a refrigerator until you receive the one you ordered free of charge.
불편을 드려 죄송합니다. 50달러를 입금해 드리거나 주문하신 냉장고를 받으실 때까지 무료로 냉장고를 대여해 드릴 수 있습니다.

defensive driving 방어 운전　hefty fine 무거운 벌금　free of charge 무료로

A 다음 문장을 잘 듣고 보기 중 빈칸에 들어갈 알맞은 말을 고르세요.

1 It won't _____ a lot of money if you start it right now.

ⓐ costume   ⓑ cast you   ⓒ cost you

지금 당장 시작하면 돈이 많이 들지는 않을 거야.

2 _____ children good stuff.

ⓐ Pick your   ⓑ Feel your   ⓒ Feed your

자녀들에게는 좋은 것을 먹이세요.

3 You should _____ money wisely.

ⓐ spend your   ⓑ spare your   ⓒ sponge

돈을 현명하게 사용해야 합니다.

B 다음 문장을 잘 듣고 빈칸에 들어갈 알맞은 단어를 쓰세요.

1 Don't forget to _____ _____ address on the letter.

편지에 (발송인) 주소 적는 거 잊지 마세요.

2 He would _____ _____ arm, and get you to do his errands,
   such as dropping and picking up his clothes from the drycleaner's.

그는 너를 졸라서 세탁소에 옷을 맡기거나 찾아오는 것 같은 심부름을 시킬 거야.

3 Just call the number of the back of your card. The company will
   _____ _____ a text for the next step.

카드 뒷면의 번호로 전화해 주세요. 회사에서 다음 단계로 어떻게 할지를 문자로 보내드릴 겁니다.

4 If you can't find an ATM around here, I can _____ _____ the
   money. 이 근처에서 현금인출기를 찾지 못하면 내가 돈을 빌려줄 수 있어.

C 다음 대화를 잘 듣고 빈칸에 들어갈 알맞은 단어를 쓰세요.

1 A Try to eat more seasonal fruits which are full of vitamin C and other
       good things. 제철 과일을 더 많이 먹으세요. 비타민 C 외에 다른 좋은 성분이 풍부하게 들어 있어요.
   B I know. I heard they will _____ _____ immune system as
       well. 알아요. 제철 과일은 면역 체계도 증진한다고 들었어요.

2 A If you need more challenges, you can go ahead and vacuum the floor.
       일할 의욕이 넘치면 가서 진공청소기로 바닥 청소를 하지 그래.
   B If I do, I'd rather go to the gym and work out. I just _____
       _____ help with the chores.
       그럴 거면 차라리 헬스장에 가서 운동을 할래. 집안일 하는 데는 네 도움이 필요해.

[s], [z]로 끝나는 단어 뒤에 [j]가 이어질 때도 소리의 동화 현상이 생깁니다. 예를 들어 miss you가 이어져 빠르게 발음될 때는 [미슈]로 소리 나는데, you의 [j]음의 영향을 받아 앞 단어의 끝음 [s]가 [ʃ]음으로 변하기 때문입니다. 또한 lose you도 마찬가지로, you의 [j]음의 영향을 받아 앞 단어의 끝음 [z]가 [ʒ]음으로 동화되어 [루우쥬]로 발음됩니다.

STEP 1 ● 어구 듣고 발음하기　　　　　　　　　　　　　　　　　　　　　　▶ 214

	한국식 발음	미국식 발음
bless you	블레쓰 유	**블레슈**
miss you	미쓰 유	**미**슈
promise you	프라미쓰 유	ㅍ**롸**아미슈
this year	디쓰 이어	(ð)디**쉬**어r
lose your	루즈 유어	**루**우쥬어r
increase your	인크리즈 유어	인크**뤼**이쥬어r
exercise your	엑써싸이즈 유어	**엘**써r싸이쥬어r
raise your	레이즈 유어	**뤠**이쥬어r

• [s]음으로 끝나는 단어가 [j]를 만나면 [ʃ]로 동화되고, [z]음으로 끝나는 단어가 [j]를 만나면 [ʒ]로 동화됩니다.
• [s]나 [z]음으로 끝나는 동사 뒤에 목적어로 you 혹은 'your+명사'가 나오는 경우 이와 같은 동화 현상이 일어날 수 있습니다. 하지만 대화 상대방인 'you'를 강조하여 말할 때는 이런 현상이 나타나지 않습니다.

1 We're going to **miss you** very much.
우리는 네가 많이 보고 싶을 거야.

2 This is a great opportunity to **increase your** potential.
이번이 당신의 잠재력을 높일 수 있는 좋은 기회입니다.

3 I can't **promise you** anything at this point.
이 시점에서는 너에게 아무것도 장담할 수 없어.

4 When you look back, would you say you have achieved all your goals **this year**? 돌이켜봤을 때 당신은 올해의 목표를 모두 달성했나요?

5 When the price of gas is going up, that will **raise your** concern.
기름값이 오르면 걱정될 거예요.

potential 가능성, 잠재력   look back (과거를) 되돌아보다   raise concern 우려를 일으키다

1

A I enjoyed the time we spent together. Thank you for your kindness.
함께 시간을 보내서 즐거웠어요. 친절하게 대해 주셔서 감사해요.

B We also had a great time with you. We'll **miss you** so much.
우리도 당신이랑 즐거운 시간을 보냈어요. 당신이 많이 보고 싶을 거예요.

2

A I'm not sure I should take this job. The people that I will work with are kind of intimidating.
이 일자리를 수락해야 할지 잘 모르겠어. 함께 일하게 될 사람들이 좀 위협적이야.

B It will either build you or break you. You don't want to work at a job that will make you **lose your** confidence.
성장하든가 무너지든가 둘 중 하나일 거야. 자신감을 잃게 하는 직업은 택하지 않는 게 좋을 것 같아.

intimidating 겁을 주는, 협박하는   lose one's confidence 자신감을 잃다

A 다음 문장을 잘 듣고 보기 중 빈칸에 들어갈 알맞은 말을 고르세요.

1 Did he _____ on the first date?

ⓐ kicks you   ⓑ check with you   ⓒ kiss you

그가 첫 데이트 날 너에게 키스했니?

2 You can _____ brain and make it grow.

ⓐ exercise your   ⓑ exit your   ⓒ exercising your

당신의 두뇌를 운동시키고 또한 성장시킬 수 있습니다.

3 You will remember _____ for the rest of your life.

ⓐ this summer   ⓑ this year   ⓒ this shirt

여러분은 올해를 평생 기억할 것입니다.

B 다음 문장을 잘 듣고 빈칸에 들어갈 알맞은 단어를 쓰세요.

1 You can't expect your parents to _____ _____ children because you have a career.

네가 직업이 있다고 해서 부모님이 너의 아이들을 키워 주실 걸 기대하면 안 되는 거야.

2 I _____ _____ mother's stir-fried rice with kimchi.

It is the best! 너희 어머니가 만든 김치볶음밥이 그리워. 최고야!

3 You will not just _____ _____ job. You will lose everything.

넌 직장만 잃는 게 아니야. 모든 걸 잃게 될 거야.

4 They will _____ _____ anything. But you will see.

They can't do everything that they said they would do.

그쪽에서는 너에게 무엇이든 다 약속하겠지만 두고 봐야지. 약속했던 것을 다 지킬 수는 없거든.

C 다음 대화를 잘 듣고 빈칸에 들어갈 알맞은 단어를 쓰세요.

1 A If you agree with me, please _____ _____ hand.

제 말에 동의하신다면 손을 들어 주세요.

B Wow, most of the people in this room agree with you on that.

와, 이 방에 있는 사람들은 대부분 당신의 말에 동의하네요.

2 A I set up everything for you to manage your account with no hassles.

번거로움 없이 계정을 관리할 수 있게 모든 걸 설정해 놨어요.

B Oh, thank you. God _____ _____!

오, 고마워요. 복 받으실 거예요!

03

뒤의 모음을 변화시키는 끝소리 [u]

do, so와 같이 [u] 혹은 [ou]로 끝나는 단어 뒤에 모음으로 시작하는 단어가 뒤따라 오면 그 따라오는 모음에 '우' 음이 섞이는 현상이 생깁니다. 우리말은 모음을 철저하게 분리시켜 또렷하게 발음하지만, 영어는 모음끼리 끌어당겨 마치 고무줄이 늘어지듯 이어지면서 발음되는 특성이 있습니다. 그래서 do it의 경우 [두]+[잍]보다는 [두윝]에 가깝게 들리게 됩니다.

STEP 1 • 어구 듣고 발음하기   ▶ 218

	천천히 말할 때	대화 속도로 말할 때
do it	두 잍	**두**윝
know it	노우 잍	**노**우윝
how about	하우 어바웉	**하**우워바웉
so expensive	쏘우 엑스뻰쓰v	**쏘**우웩쓰**뻰**쓰v
tow away	토우 어웨이	토우워**웨**이
go and talk	고우 앤 토억	**고**우웬**토**억
go along	고우 얼로엉	**고**우월**로**엉
how are	하우 아–r	**하**우와아r

tow away 견인하다

• [u]음으로 끝나는 단어 다음에 모음으로 시작하는 단어가 이어져 나오면 두 단어 사이에 [w]음이 끼어 들어갑니다. 이때 만들어진 [w]음은 이어지는 모음과 합쳐져 [워]/[웨]/[위]/[워우] 등의 복모음으로 소리 나지요.
• so expensive는 [쏘우웩쓰뻰쓰v]처럼 [w]음이 섞여서 발음되기도 하지만, so를 강조해서 말하고 싶을 때는 두 단어를 연결하지 않고 하나하나 발음하기도 합니다.

1 **This house is so expensive** that I cannot buy it.
이 집은 너무 비싸서 저는 살 수 없어요.

> cannot은 [캔낫]이 아니라 [캐낱]으로 발음해요.

2 **When you procrastinate and don't do it**, you will end up not doing it.
그 일을 미뤄 두고 하지 않다 보면 결국엔 안 하게 될 거야.

3 **The sign says that this is a tow-away** zone.
여기는 '견인 지역'이라고 표지판에 쓰여 있어요.

4 **How about** having dinner on Thursday night after work?
목요일에 퇴근하고 나서 저녁식사 하는 거 어때?

5 **I cannot go along** with your idea.
난 당신의 생각에 동의할 수 없어요.

procrastinate 미루다, 질질 끌다   go along with ~에 동의하다

1
A I can't stand her. Her attitude is that of a **know-it-all**.
그녀는 진짜 밥맛 없어. 자기는 뭐든 다 안다는 식이야.

B Just stay away from her. She is a troublemaker.
그냥 무시하고 멀리해. 그녀는 사고뭉치라니까.

2
A You have got to **go and talk** to David. He really needs your help.
네가 데이비드한테 가서 얘기해 보라니까. 그에게는 네 도움이 절실히 필요해.

B Okay. I'll give him a call as soon as I can.
알았어. 내가 최대한 빨리 전화해 볼게.

attitude 태도, 자세   know-it-all (뭐든 다) 아는 체하는 사람

A 다음 문장을 잘 듣고 보기 중 빈칸에 들어갈 알맞은 말을 고르세요.

1 Can you do _____ for me?

ⓐ it　　　　　　　　ⓑ with　　　　　　　　ⓒ that

날 위해 그 일을 해 줄래요?

2 The purse my wife wants for her birthday is so _____, and I don't know if I can afford it.

ⓐ excused　　　　　　ⓑ expensive　　　　　　ⓒ important

아내가 생일 선물로 원하는 핸드백이 너무 비싸서 살 여력이 될지 모르겠어.

3 Do you see the sign on the wall: it says tow-_____ zone.

ⓐ along　　　　　　　ⓑ away　　　　　　　　ⓒ way

벽에 붙어 있는 표지판 봤어? '견인 구역'이라고 써 있어.

B 다음 문장을 잘 듣고 빈칸에 들어갈 알맞은 단어를 쓰세요.

1 Your problem won't _____ _____ until you deal with it.

문제는 해결할 때까지는 그냥 사라지지 않아요.

2 When you make up your mind to _____ _____, just _____ _____!

일단 하기로 마음먹었다면 그냥 하세요!

3 You should _____ _____ away unless you will use it again.

다시 사용하지 않을 거라면 버리라니까.

4 _____ _____ going on a cruise this Christmas?

이번 크리스마스에 크루즈 여행 가는 거 어때요?

C 다음 대화를 잘 듣고 빈칸에 들어갈 알맞은 단어를 쓰세요.

1 A What are you going to buy?

뭘 살 거야?

B Nothing _____ _____. I just want a new outfit for my job.

너무 비싼 건 말고. 회사 갈 때 입을 새 옷을 한 벌 사려고 해.

2 A _____ _____ we getting there? By taxi or bus?

우리 거기에 어떻게 갈까? 택시나 버스를 탈까?

B I'll pick you up in my car at three.

내가 3시에 차로 데리러 갈게.

04

언어 습관 속에서 변화된 [t]

쉽고 편하게 발음하고자 하는 구어체 습성 때문에 글자와 발음 형태까지 바뀌어 사용되는 표현들이 있습니다. wanna[워너](want to → wanna), gonna[거너](going to → gonna), gotta[가러](got to → gotta)와 같은 표현들을 예로 들 수 있어요.

주로 to 다음의 동사 표현을 강조하기 위해 상대적으로 to를 약화시켜 발음하면서 변화된 구어체 표현입니다. 또한 I've got to를 줄여서 I gotta라고 발음하기도 하는데, 구어에서는 have/has가 자주 생략되기도 합니다. 하지만 공식적인 문어체에서는 생략하지 않습니다.

STEP 1 • 어구 듣고 발음하기　　　　　　　　　　　　　　　　　　　　　　　○ 222

	천천히 말할 때	대화 속도로 말할 때
want to **do**	원 트 두	워너**두**
don't want to **see**	도운 원 트 씨	**도**운 워너**씨**이
doesn't want to **go**	더즌 원 트 고우	**더**즌 워너**고우**
didn't want to **do**	디든 원 트 두	**디**른 워너**두**
going to **go**	고우잉 트 고우	거너 **고우**
not going to **have**	낱 고우잉 트 해v	**낱** 거너 **해**v
got to **do**	같 트 두	가러 **두**
got to **see**	같 트 씨이	가러 **씨**이

발음/청취
KEY POINTS

• to부정사 뒤의 동사가 문장 내에서 핵심어로 중요 의미를 담고 있기 때문에 강세를 두고, wanna/gonna/gotta는 상대적으로 약화됩니다. 영어 문장에서는 대개 동사에 강세를 두고 발음합니다.

• 부정형일 때는 don't wanna, doesn't wanna, not gonna와 같이 부정어 not에 제 1강세를 두고, wanna/gonna 다음에 오는 동사에 제 2강세가 옵니다.

1   You don't **want to** know. It's just too complicated.
    너는 모르는 게 나아. 일이 너무 복잡하게 꼬였거든.

2   Come here quickly and check it out. You have **got to** see this!
    빨리 와서 한번 봐봐. 네가 이걸 봐야 해!

3   Are you **going to** go to the concert on the 25th?
    25일에 하는 콘서트에 갈 거야?

4   My supervisor doesn't **want to** know all the details. He just wants the final outcome.
    제 상사는 세부사항까지 시시콜콜 모두 알려고 하지 않아요. 최종 결과만을 원할 뿐이죠.

5   To be honest, I don't **want to** do this, but I have to do what I need to do for my family.
    솔직히 말해서 나는 이렇게 하고 싶지 않지만, 가족을 위해서라면 내가 할 일을 해야 해.

supervisor 상사, 관리자   final outcome 최종 결과

1
    A My teacher said that I'm an idiot.
       선생님이 저더러 바보라고 했어요.

    B What? That is not acceptable. I'm **going to** call the principal right now!
       뭐라고? 그건 그냥 넘어갈 수 없어. 당장 교장 선생님께 전화해야겠다!

2
    A If I were you, I am not **going to** let him insult you like that.
       내가 너라면 그가 너를 그렇게 모욕하도록 내버려 두지 않을 거야.

    B I know. But I am not you. I've **got to** do what I was told to do. I need this job.
       알아. 하지만 난 네가 아니야. 시키는 대로 해야 해. 나에게는 이 일자리가 필요하거든.

> you를 강조해서 말할 때는 본래의 소리 그대로 발음해요. 따라서 여기서는 [나츄]가 아닌 [낫유]로 또박또박 발음하고 있어요.

acceptable 참을 만한, 허용할 수 있는

A 다음 문장을 잘 듣고 보기 중 빈칸에 들어갈 알맞은 말을 고르세요.

1 I really _____ to Paris someday.

ⓐ won't go   ⓑ want go   ⓒ want to go

저는 언젠가 정말로 파리에 가고 싶어요.

2 You've _____ over this thing.

ⓐ got to go   ⓑ got to get   ⓒ go to get

당신은 이것을 극복해야만 해요.

3 Are you _____ your parents this Thanksgiving?

ⓐ got to visit   ⓑ go to visit   ⓒ going to visit

이번 추수감사절에 부모님을 방문할 예정인가요?

B 다음 문장을 잘 듣고 빈칸에 들어갈 알맞은 단어를 쓰세요.

1 She doesn't even _____ _____ talk to me.

그녀는 나하고 이야기조차 하고 싶어하지 않아.

2 I've _____ _____ go now. Talk to you later.

이만 가 봐야겠어요. 나중에 이야기해요.

3 We're _____ _____ _____ go to this party tomorrow

night. 우리는 내일 밤에 있을 파티에 가지 않을 거야.

4 He _____ _____ _____ do that, but he didn't tell

you about it. 그는 그 일을 안 하고 싶었지만 너에게 그 얘기를 차마 못했던 거야.

C 다음 대화를 잘 듣고 빈칸에 들어갈 알맞은 단어를 쓰세요.

1 A I just _____ _____ _____ go to work today.

나 오늘 일하러 가기 싫어.

B Well, then call in sick and take the day off.

그럼 아파서 못 간다고 전화하고 하루 쉬어.

2 A I'm going to the gym this afternoon. Are you going to go with me?

오늘 오후에 헬스장에 갈 거야. 같이 갈래?

B I'm not sure. I've _____ _____ finish this report and get

some groceries.

잘 모르겠어. 이 보고서를 끝내고 나서 장 보러 가야 하거든.

call in sick 아파서 결근한다고 직장에 전화하다

EXERCISE

A 동화 현상에 주의하여 다음 어구를 잘 듣고 빈칸을 채우세요.

1 _____ _____ job   2 _____ _____

3 _____ _____ dog   4 _____ _____ _____ do

5 _____ _____   6 _____ _____ were late

7 _____ _____ trip   8 _____ _____ go

9 _____ _____   10 _____ _____ job

B 동화 현상에 주의하여 다음 문장을 잘 듣고 빈칸을 채우세요.

1 We're going to do whatever it takes to accomplish our goal

_____ _____.

올해 목표를 달성하기 위해 우리는 총력을 기울여야 할 것입니다.

2 _____ _____ _____ that the store went out of

business? It has been a week now.

그 가게가 폐업한 걸 몰랐어요? 벌써 일주일 됐는데요.

3 He's going to talk you out of it, but you _____ _____

_____ buy it.

그는 너를 설득하려 할 테지만, 그걸 안 사는 게 좋을 거야.

4 If you quit your job now, it's _____ _____ _____

_____ in the long run.

지금 직장을 그만두면 장기적으로는 손해를 보는 겁니다.

5 When they _____ _____ an email invoice, forward it to me.

I will _____ _____ know when I get approval for it.

그쪽에서 당신에게 이메일 청구서를 보내면 저에게 전달해 주세요. 상부 승인을 받으면 알려드리겠습니다.

C 동화 현상에 주의하여 다음 단락을 잘 듣고 빈칸을 채우세요.

1 He came on board _____ _____, and he made a great contribution in implementing the new timecard system. He was named the employee of the year _____ _____.

그는 작년에 합류했고, 새로운 근무 시간 기록 시스템을 시행하는 데 큰 기여를 했습니다. 그는 올해의 직원으로 선정되었습니다.

2 As an image consultant, I closely watch _____ _____ dress. If someone does not look great, I usually _____ _____ what is wrong with that person's outfit or hairstyle. I give advice when asked. Sometimes people don't want to change their outfits, but I tell them they have to _____ _____ no matter what.

이미지 컨설턴트로서, 저는 다른 사람들이 어떻게 옷을 입는지 세심히 관찰합니다. 간혹 차림새가 별로 안 좋아 보이는 사람을 보면, 전 보통 그 사람의 복장이나 헤어스타일에 어떤 문제점이 있는지 정확히 파악해내죠. 요청을 받으면 조언을 주기도 하는데요, 복장을 바꾸고 싶어 하지 않는 사람들도 때로는 있지만, 저는 무슨 일이 있어도 반드시 바꿔야 한다고 말합니다.

3 When Mary came to the meeting late, Mr. Smith said, "I _____ _____ to be here on time! I asked you to come at eight, but you didn't do that. I'm _____ _____ have to fire you."
We were _____ _____ by this speech that no one could say a word.

메리가 회의에 늦게 왔을 때, 스미스 씨가 "제시간에 오라고 했잖아요! 8시까지 오라고 요청했는데 지키지 않았군요. 당신을 해고하겠어요."라고 말했어요. 우리는 그 말에 너무 놀라서 아무도 말 한 마디 못했어요.

4 Most people _____ _____ _____ go downtown these days. First, you must _____ _____ a tunnel that has lots of traffic. Next, you have to drive around looking for a parking space. And if you park illegally, a tow truck might take away your car!

요즘에는 대부분의 사람들이 시내로 나가려고 하지 않는다. 우선, 교통량이 많은 터널 밑을 지나가야 한다. 다음으로는 주차 공간을 찾아 돌아다녀야 한다. 만약 불법 주차를 하면 견인차가 당신의 차를 끌고 가 버릴 수도 있다!

EXERCISE

D 동화 현상에 주의하여 다음 대화를 잘 듣고 빈칸을 채우세요.

1 A I'm _____ _____ _____ on some projects in the

   house: painting and updating some old appliances and lamps.

   우리 집에 몇 가지 공사를 할 건데, 페인트칠을 하고 오래된 가전제품이랑 전등 교체를 할 거야.

   B Are you _____ _____ _____ your house?

   That will increase the value of your house for sure.

   집을 팔 거야? 집값은 확실히 올라가겠네.

2 A It says "Don't _____ _____ pearls before swine."

   What does it mean?

   '돼지에게 진주를 던져 주지 말라.'는 말이 있던데 무슨 뜻이야?

   B That means you do not waste good things on people who do not

   appreciate the value of _____ _____ are sharing.

   네가 공유하는 것의 가치를 인정하지 않는 사람에게 쓸데없이 좋은 걸 낭비하지 말라는 얘기야.

3 A I've _____ _____ _____ shopping this afternoon.

   _____ _____ like to go with me?

   오후에 쇼핑하러 가야 하는데 너도 같이 갈래?

   B I'd love to _____ _____ with you. What are you going

   to buy?

   나도 같이 갈래. 뭘 살 거야?

4 A Korean ginseng is getting more and more popular with Westerners.

   한국의 인삼이 서양인들 사이에서 점점 더 인기를 얻고 있어요.

   B It sure is. It will _____ _____ energy by increasing

   circulation, and it is full of antioxidants. It will _____

   _____ younger and more energetic when you take it wisely.

   당연하죠. 인삼은 혈액순환을 증진시켜서 원기를 충전시켜 주는 데다가 항산화 물질이 풍부해요. 현명하게 섭취하면
   더 젊고 활기차게 만들어 줄 거예요.

5 A My husband and I are considering remodeling our kitchen.

It is pretty outdated.

남편이랑 난 부엌을 리모델링할까 생각하고 있어. 꽤 구식이거든.

B That will _____ _____ quite a bit of money, depending

on the scale of remodeling that you guys are considering.

너희가 생각하고 있는 리모델링 규모에 따라 꽤 많은 돈이 들 수도 있어.

A I know. We _____ _____ renovate it completely even if

it costs a lot of money.

맞아. 비용이 많이 들더라도 우리는 전면 리모델링을 하려고 해.

6 A When you see a doctor, let him know what _____ _____

have and why you're there.

병원에 가면 당신이 염려하는 부분과 어떻게 해서 병원에 오게 됐는지 의사에게 말하세요.

B Should I bring them all up at the beginning?

처음부터 모든 걸 다 말해야 하나요?

A I think you should do that. It will help the doctor _____

_____ problem. So be sure to let him _____

_____ everything that's wrong.

그러는 게 좋을 것 같아요. 그래야 의사가 당신의 문제점을 찾는 데 도움이 될 거예요. 그러니 문제가 되는 부분을 의사가 모두 알게 하세요.

B Don't worry. I'll do that and follow your advice. If I _____

_____ help, I'll give you a call.

걱정 마세요. 당신 충고대로 그렇게 하도록 할게요. 도움이 필요하면 전화할게요.

3

PART

영어 발음 실전 훈련

4강 복자음

이번에는 자음이 두 개 이상 겹쳐 나오는 경우의 발음을 살펴봅시다. 많은 한국 학습자가 복자음 발음에 약한 모습을 보입니다. 우리말의 '닭'을 예로 들면, 우리말은 서로 다른 두 개의 자음이 함께 받침소리로 오는 경우 대표 자음 하나만 발음합니다. 그러나 영어에서는 복자음을 모두 다 챙겨 발음합니다. 예를 들어 student, drive, street처럼 자음이 두 개뿐 아니라 세 개까지 연이어 나오는 경우에도 각각의 음가를 다 발음합니다.

또한 앞서 언급했지만, 한 번 더 짚고 넘어가고 싶은 것이 있습니다. 우리말 발음 구조상 자음은 항상 모음과 함께 발음되기에 많은 한국인이 이 같은 방식대로 영어 발음을 하는 경향이 있습니다. 그래서 1음절인 street를 '스트리트'라고 4음절로 발음하기도 하죠.

영어를 우리말식으로 발음하는 잘못된 습관이 있다는 점을 염두에 두고, 지금부터 연이어 나오는 복자음을 자연스럽게 발음하는 연습을 해 보겠습니다.

01 dr-/tr-의 [d]/[t]는 [쥬]/[츄]로

영어 단어 가운데 dr-/tr-로 시작하는 단어들이 있습니다. 예를 들어, 원어민이 drive, travel을 발음하는 것을 주의 깊게 들어보면 '드라이브'보다 '쥬라이브'에 가깝고, '트래블'보다는 '츄래블'에 가깝다는 것을 알 수 있습니다. 이렇듯 단어 첫소리 [d]나 [t]가 본래의 음가로 정확하게 발음되지 않는 이유는 뒤따라 나오는 r의 영향을 받기 때문입니다. 그래서 dr-로 시작할 때 d는 [쥬]에 가깝게, tr-로 시작할 때 t는 [츄]에 가깝게 발음되지요.

STEP 1 • 단어 듣고 발음하기 ▶ 228

	한국식 발음	미국식 발음
drive	드라이브	쥬롸이v
dream	드림	쥬뤼임
dress	드레스	쥬뤠ㅆ
dramatic	드라마틱	쥬뤄**매**릭
travel	트래블	**츄뤠**(v)블
trust	트러스트	츄뤄스ㅌ
treat	트릿	츄리잍
transaction	트랜잭션	츄뤤**잭**션

treat 대하다, 대우하다   transaction 거래, 매매

• dr-로 시작하는 단어에서 d는 정확하게는 '듀'와 '쥬'의 중간 소리로 들립니다. 이 책에서는 편의상 [쥬]로 표기했어요. r의 영향을 받아 [d]/[t] 소리가 변화하는 현상은 미국식 영어에서만 보이는 특징입니다.

• 단어 중간에서 [d]/[t] 다음에 [r]이 이어질 때도 이와 같은 현상이 나타납니다.
예) syndrome [씬쥬로움]   control [컨츄로울]   introduction [인츄뤄덕션]

1   Your **dreams** will come true as long as you don't give up.
포기하지 않는 한 꿈은 이루어질 거예요.

2   We need to **treat** each other with respect.
우리는 서로를 정중히 대할 필요가 있어요.

3   I'm looking for a blue **dress** with black trim along the sides.
양옆으로 검은 장식이 있는 파란색 원피스를 찾고 있는데요.

4   The only person that I put **trust** in at work turned his back on me.
내가 직장에서 유일하게 신뢰했던 사람이 나에게 등을 돌렸어.

5   Once the **transaction** is complete, you will get an email notification.
결제가 완료되면 이메일 알림이 전송됩니다.

trim 장식, 테두리   turn one's back on ~에게 등을 돌리다   email notification 이메일 알림/공지

1

A   Have you seen Trevor lately? He has showed a **dramatic** change of attitude toward people.
최근에 트레버 봤어요? 사람들을 대하는 태도가 완전히 달라졌던데요.

B   I had a talk with him about his attitude. **Trust** me. It was a long talk, but it seems to be working.
그의 태도에 대해 그와 얘기를 나눠 봤어요. 날 믿고 두고 봐요. 긴 시간 얘기를 주고받았는데, 효과가 있는 것 같아요.

2

A   Do you use Concur.com for your trips?
여행 준비할 때 Concur.com 이용해?

B   Yes, of course. I like that website. It is easy to manage **transactions** for booking flights, rail travel, rental cars, and hotel rooms.
당연하지. 그 웹사이트 좋아. 항공, 기차 여행, 렌터카, 호텔 객실 예약 결제 관리가 쉬워.

manage transaction 거래를 관리하다

A 잘 듣고 보기 중 제시된 단어를 바르게 발음한 것을 고르세요.

1 treat ⓐ ⓑ ⓒ 2 dress ⓐ ⓑ ⓒ

3 drive ⓐ ⓑ ⓒ 4 true ⓐ ⓑ ⓒ

5 travel ⓐ ⓑ ⓒ 6 dramatic ⓐ ⓑ ⓒ

B 다음 문장을 잘 듣고 빈칸에 들어갈 알맞은 단어를 쓰세요.

1 She didn't seem to _____ you when you were driving her car.
당신이 그녀의 차를 운전할 때 그녀는 당신을 못 믿는 것 같았어요.

2 You can wear a sweater or denim jacket over it, so it's easy to
_____ up or down.
스웨터나 청재킷을 그 위에 입으셔도 돼요. 차려입거나 아주 간편하게 입기 쉽죠.

3 When I took a business _____ last week, I dropped the car key in
the trunk, and I got locked out.
지난주 출장을 갔을 때 차 키를 트렁크 안에 떨어뜨렸는데 문이 잠겨 버렸지 뭐예요.

4 I saw him trimming a big pine tree in his front yard when I was
_____ through the alley.
골목을 따라 운전하고 있을 때 그가 자기 집 앞마당에 있는 큰 소나무의 가지치기를 하고 있는 걸 봤어요.

C 다음 대화를 잘 듣고 빈칸에 들어갈 알맞은 단어를 쓰세요.

1 A Would you like to join my group for this presentation? I have Patricia
and Trevor. With you, we will make a _____ team! How does that
sound?
우리 조로 와서 발표 같이 할래? 패트리샤와 트레버가 우리 조인데, 네가 오면 우린 드림팀이 될 거야! 어때?

B That sounds good to me! I'm in.
좋아! 나도 함께할게.

2 A I am sorry for being late. I left my phone in my hotel room, so I needed
to _____ back to get it.
늦어서 죄송해요. 호텔 방에 휴대폰을 두고 나와서 다시 가지러 가야 했어요.

B No worries. The meeting has been delayed because they are doing
some troubleshooting on the Internet connection.
걱정 마세요. 인터넷 연결 고장 수리 중이라 회의가 미뤄졌어요.

s 뒤의 k/p/t는 된소리로

자음 s 뒤로 k/p/t가 나와 sk/sp/st 형태가 될 때 [k]는 'ㄲ', [p]는 'ㅃ', [t]는 'ㄸ'로 된소리처럼 발음하는 현상이 나타납니다. 앞에 나온 s가 바람만 세게 나가는 소리라서, 뒤따르는 자음을 된소리처럼 발음해 공기 마찰을 막는 것입니다. 이런 된소리는 [s]음이 선행될 때만 들을 수 있습니다. 참고로 sc 뒤에 모음 a, o, u가 와도 [k]가 된소리로 발음됩니다.

STEP 1 • 단어 듣고 발음하기   ▶ 232

	한국식 발음	미국식 발음
scale	스케일	ㅅ께일
sky	스카이	ㅅ까이
skinny	스키니	**ㅅ끼**니
space	스페이스	ㅅ뻬이ㅆ
spaghetti	스파게티	ㅅ뻐**게**리
spend	스펜드	ㅅ뻰드
stinky	스팅키	**ㅅ띵**키
step	스텝	ㅅ뗍
stylish	스타일리시	**ㅅ따**일리슈

scale 규모, 정도   skinny 마른, 날씬한   stinky 악취가 나는

발음/청취 KEY POINTS

• sc-/sch-로 시작하는 단어 중 [sk]로 발음되는 것을 더 알아 두세요.
　예) scold [ㅅ꼬울드]   sculpture [ㅅ껄프춰r]   school [ㅅ꾸울]   schedule [ㅅ껜쥬울]

• sc- 뒤에 모음 e, i가 나오면 [s]로 발음된다는 것도 알아 두세요.
　예) scene [씨인]   scent [쎈트]   science [싸이언ㅆ]   scissors [씨저r즈]

1 She looks so **stylish** in that dress!

그녀가 저 드레스를 입으니 정말 멋지네요!

2 My email address is **skinny** and **space** and gal at mail.com.

제 이메일 주소는 skinny 하고 한 칸 띄고 gal 다음에 @mail.com이에요.

3 The wizard will give you **step**-by-**step** guidance on how to build your résumé and make it attractive.

마법사 프로그램은 관심을 끄는 이력서 작성법을 단계별로 안내해 줍니다.

4 **Skinnygirl** is an American brand, and its products are low-calorie food labeled as sugar free, fat free, and low carb.

Skinnygirl은 미국 브랜드로, 거기 제품은 무설탕, 무지방, 저탄수화물 라벨이 붙은 저칼로리 식품입니다.

5 What is your level of pain on a **scale** from 1 to 10? 3-5 is mild pain, and 10 is the worst.

10단계 중 통증 정도가 어느 정도인가요? 3-5단계는 가벼운 통증이고 10단계는 가장 심한 통증입니다.

gal (구어) 여자애, 소녀   wizard (컴퓨터) 마법사: 다른 프로그램의 실행·작업 등을 도와주는 프로그램

1

A I went to a new Italian restaurant across the street. The meatball **spaghetti** there is great.

길 건너편에 새로 생긴 이탈리아 식당에 가 봤는데, 미트볼 스파게티가 정말 맛있어.

B Oh, I know. The thin crust cheese pizza is so good, too!

아, 나도 알아. 거기 치즈 크러스트 씬 피자도 진짜 맛있더라고!

2

A My children are 7 and 10 years old, and I need to **step** up to help them out with their **schoolwork**.

우리 애들은 일곱 살과 열 살인데, 학교 공부하는 걸 내가 나서서 도와줘야 해.

B I tried for a while, but I decided to send them to some **afterschool** programs.

나도 잠깐 그렇게 했는데, 애들을 방과 후 수업에 보내기로 했어.

step up 나서다   schoolwork 학업, 학교 공부

A 잘 듣고 보기 중 제시된 단어를 바르게 발음한 것을 고르세요.

1 scale   ⓐ ⓑ ⓒ   2 step   ⓐ ⓑ ⓒ

3 skill   ⓐ ⓑ ⓒ   4 space   ⓐ ⓑ ⓒ

5 sky   ⓐ ⓑ ⓒ   6 style   ⓐ ⓑ ⓒ

B 다음 문장을 잘 듣고 빈칸에 들어갈 알맞은 단어를 쓰세요.

1 You'll be surprised to find out how _____ she is now.
그녀가 지금 얼마나 말랐는지 알면 놀랄 거야.

2 _____ starts on the second of March after a short break.
학교는 짧은 방학이 끝난 뒤, 3월 둘째 주에 개학해요.

3 I gave the place a _____ review for its excellent food and service.
나는 그곳의 훌륭한 음식과 서비스에 대해 평가란에 별 5개를 주었어요.

4 You can _____ less money than this, but you can't find the quality
that you want.
이보다 비용을 덜 들일 수는 있으시지만, 원하는 품질을 찾지는 못하실 겁니다.

C 다음 대화를 잘 듣고 빈칸에 들어갈 알맞은 단어를 쓰세요.

1 A The food was great, but the place was _____, and the waitress
was rude.
음식은 맛있었지만 식당에서 안 좋은 냄새가 났어. 게다가 종업원이 무례하기까지 했다니까.

B I agree. That's why I gave it a 3-star review.
내 생각도 그래. 그래서 평가란에 별 3개를 줬어.

2 A I have never seen so many _____ in one city like Seoul.
서울처럼 한 도시 안에 이렇게 고층건물이 많은 걸 본 적이 없어.

B Seoul is ranked 18th in the world for the number of _____.
고층건물 개수로 따지면 서울은 전 세계에서 18위야.

자음 3개가 나란히 나오는 경우가 있습니다. 특히 scr-/spr-/str-와 같은 형태로 나오는 복자음의 경우, 발음하기도 그렇고 듣기도 더욱 어려워집니다. 각기 발성법이 다른 소리가 연이어 나오는 데다가, 첫소리 s는 성대의 울림 없이 호흡으로만 표현되는 무성음이기 때문이죠. 게다가 '스크린', '스트레스'처럼, 자음마다 있지도 않은 '으' 모음을 넣어 발음하는 잘못된 습관 때문에 아는 단어도 낯설게 들리는 어려움을 겪게 됩니다. 이 기회를 통해 3개짜리 복자음도 매끄럽게 발음하고 올바르게 청취할 수 있도록 특별히 연습해 둡시다.

STEP 1 • 단어 듣고 발음하기　　　　　　　　　　　　　　　○ 236

	한국식 발음	미국식 발음
screen	스크린	ㅅ ㄲ뤼인
scrambled	스크램블드	**ㅅ ㄲ뤰**블ㄷ
spray	스프레이	ㅅ ㅃ뤠이
spruce	스프루스	ㅅ ㅃ루우쓰
sprinkle	스프링클	**ㅅ ㅃ륑**클
spread	스프레드	ㅅ ㅃ뤤ㄷ
stress	스트레스	ㅅ ㄸ뤠쓰
streetlight	스트릿라이트	**ㅅ ㄸ 뤼**잍라잍
straighten	스트레이튼	**ㅅ ㄸ 뤠**이튼

spruce 단장하다, 가꾸다　sprinkle 뿌리다, 끼얹다　streetlight 가로등　straighten 똑바르게 하다, 정리하다

발음/청취 KEY POINTS

• 첫소리로 한꺼번에 나오는 3개의 자음 중 세 번째 자음만 모음과 연결하여 발음합니다. 이 때 각각의 자음에 '으'라는 모음을 추가하여 발음하지 않도록 주의하세요.

• scr-/spr-/str-로 시작하는 단어의 경우, 두 번째 자음 c/p/t는 'ㄲ/ㅃ/ㄸ'의 된소리로 발음합니다.

1 I see some scratches on the TV **screen**.
TV 화면에 긁힌 자국이 보여.

2 How would you like your eggs, **scrambled**, boiled, or sunny-side up?
계란을 어떻게 요리해 드릴까요? 스크램블로 해 드릴까요, 삶아 드릴까요? 아니면 한쪽만 익혀 드릴까요?

3 In most cases, headaches may be a sign of **stress**.
대부분의 경우, 두통은 스트레스의 신호입니다.

4 Can I **spread** the rug on the floor so that I can see how the patterns look?
어떤 무늬인지 볼 수 있게 양탄자를 바닥에 펼쳐 봐도 될까요?

> patterns는 모음과 모음 사이에서 [t]가 [ㄹ]로 바뀌어서 [패러r은ㅈ]로 소리 나요.

5 It was so dark there because there were not enough **streetlights**.
가로등이 많지 않아서 거기는 너무 어두웠어요.

scratch 긁힌 자국, 흠집   rug 양탄자, 깔개

1

A What is this appointment for?
무슨 일로 만나는 거예요?

B I just need to **straighten** some things out with him before signing the contract.
계약서에 서명하기 앞서서 그와 몇 가지 해결할 문제가 있어요.

2

A Did you get a tan lately? You look darker.
최근에 햇볕에 탔어? 피부가 좀 그을려 보여.

B No. I just used some sunless tanning **spray**.
아니야. 햇빛 없이 태닝 효과 내는 스프레이를 뿌린 거야.

straighten out (문제, 상황 등을) 해결하다, 바로잡다   get a tan 햇볕에 태우다, 선탠을 하다

A 잘 듣고 보기 중 제시된 단어를 바르게 발음한 것을 고르세요.

1 stress   ⓐ   ⓑ   ⓒ   2 sprinkle   ⓐ   ⓑ   ⓒ

3 screen   ⓐ   ⓑ   ⓒ   4 streetlight   ⓐ   ⓑ   ⓒ

5 straighten   ⓐ   ⓑ   ⓒ   6 spread   ⓐ   ⓑ   ⓒ

B 다음 문장을 잘 듣고 빈칸에 들어갈 알맞은 단어를 쓰세요.

1 Just _____ or _____ the water on it once a week.
일주일에 한 번씩 이것에 물을 주거나 뿌려 주세요.

2 This styling tool allows you to _____, curl, or add volume to your hair.
이 스타일링 도구는 머리카락을 펴 주고, 컬을 만들고, 볼륨감을 더할 수 있게 해 줍니다.

3 I'd like to have _____ eggs, sausages, and a baked potato, please.
스크램블 에그, 소시지 그리고 구운 감자 하나 주세요.

4 I'm going to _____ up my room to do some spring cleaning.
봄맞이 대청소를 하면서 내 방을 좀 꾸며 볼까 해.

C 다음 대화를 잘 듣고 빈칸에 들어갈 알맞은 단어를 쓰세요.

1 A One of the _____ doors on the balcony is torn up.
발코니에 있는 방충망 문 중 하나가 찢어졌어.

B Oh, that's why we have been getting flies and mosquitoes buzzing around the living room lately.
아, 그래서 요즘 거실에서 파리랑 모기들이 윙윙대면서 돌아다니는 거구나.

2 A The rumor about his divorce is widespread. Everybody is talking about it.
그의 이혼에 대한 루머가 파다해. 모든 사람이 그 얘기를 하고 있어.

B Social media is a big contributor to that. One study shows that it takes three people to _____ a rumor to a community of 10,000 people.
소셜 미디어가 그것에 큰 역할을 하고 있지. 어떤 연구에서 말하길, 세 명만 있으면 1만 명 규모의 커뮤니티에 바로 소문이 퍼진다더라고.

묵음이 들어 있는 복자음

철자상 자음이 두 개 이상 이어져 나오는데, 소리 낼 때 특정 자음은 소리 나지 않는 경우가 있어요. 예를 들어 knock의 경우 k와 n 두 자음이 이어져 나오지만, 앞의 자음 k는 소리가 나지 않아 [낙]으로 발음합니다. 이렇게 철자에는 들어 있지만 발음하지 않는 소리를 '묵음'이라고 합니다. 철자 b, g, h, k, w 등이 단어 안에서 묵음이 될 때가 있습니다.

묵음에 주의하여 다음 단어와 예문을 잘 듣고 따라 말해 보세요. ▶ 240

climb [klaim] 클라임	debt [det] 뎉
design [dizáin] 디**자**인	foreign [fɔ́:rən] (f)**포**어뤈
whisper [wíspər] **위**스퍼r	exhausted [igzɔ́:stid] 익**조**어스틷
knee [ni:] 니이	knock [nak] 낙
wrinkle [ríŋkl] **뤼**ㅇ클	wrap [ræp] 뤱

Credit cards can cause you to be buried in **debt** if you don't manage your spending wisely.
신용카드는 지출을 현명하게 관리하지 않으면 당신을 빚더미에 묻히게 할 수 있습니다.

I like the overall **design** concept, but I'd like to make a couple of modifications.
전체적인 디자인 컨셉은 좋지만, 몇 가지 수정하고 싶은 게 있어요.

I didn't get enough rest on the weekend, so now I feel **exhausted**.
주말에 충분히 못 쉬었더니 지금 완전 피곤해.

Can you **knock** on my door at 5 o'clock tomorrow morning?
내일 아침 5시에 문 두드려서 나 좀 깨워 줄 수 있어?

We're going to **wrap** up this meeting no later than 3 o'clock.
늦어도 3시까지는 이 회의를 마무리짓겠습니다.

[tn]은 소리 끊김이 있다

-(t)ton/-tain/-(t)ten으로 끝나는 단어에서 [t]는 파열이 일어나지 않고 숨을 멈췄다가 [n]으로 이어져 [-ㅎ은]처럼 발음되기도 합니다. 예를 들어 mountain은 [m͡auntn]과 같이 두 번째 음절이 자음으로만 발음되기도 하는데, 이때 원어민의 발음을 잘 들어 보면 [t]에서 [n]으로 이동할 때 [t]음을 충분히 표현하지 않고 숨을 짧게 멈췄다가 바로 [n]을 발음하는 것을 알 수 있습니다. 마치 [t]음이 [n]음에 먹힌 듯이 들리는데, 이때 [t]와 [n]을 발음하는 혀의 위치는 거의 같습니다. [t] 발음을 위해 혀를 떼어 파열시키는 수고를 덜고, 대신에 공기를 코 쪽으로 밀어내는 것이죠. 그래서 [-ㅎ은]으로 발음을 표기했습니다.

STEP 1 • 단어 듣고 발음하기　　　　　　　　　　　　　　　　　　　　　　▶ 241

	한국식 발음	미국식 발음
button	버튼	**벌**-ㅎ은
certain	써튼	**써**어rㅌ-ㅎ은
cotton	코튼	**캍**-ㅎ은
fountain	파운튼	(f)**파**운-ㅎ은
written	리튼	**륕**-ㅎ은
mountain	마운튼	**마**운-ㅎ은
frightened	프라이튼드	(f)ㅍ**라**읕-ㅎ은ㄷ
sweetened	스위튼드	ㅅ**위**읕-ㅎ은ㄷ

fountain 분수　frightened 겁먹은, 무서워하는

발음/청취
KEY POINTS

• [tn]의 발음은 독특하므로 잘 듣고 여러 번 연습을 해 보는 게 좋습니다. [t]가 본래의 소리로 파열되어 발음되지 않고 [n]으로 넘어가면서 짧은 소리 끊김이 생깁니다.

• 단어 철자상 -tain, -(t)ten, -(t)ton으로 끝날 때 [tn]으로 발음됩니다. 하지만 이 철자로 끝나는 모든 단어에서 이런 소리 끊김 현상이 나타나는 것은 아닙니다.

예) skeleton [스켈러튼]　Washington [와슁턴]

1　Are there any **certain** areas in the city that are not safe at night?
　　이 도시에는 밤에 다니면 특별히 위험한 지역이 있나요?

2　I prefer staying in a hotel room with a **mountain** view instead of a city view.　도시 풍경보다는 산의 경치를 볼 수 있는 호텔방이라면 더 좋겠어요.

3　We have water **fountains** on every floor, but they are temporarily shut down due to maintenance.　maintenance의 [t]도 파열되지 않고 [n]으로 넘어가면서 [메인-ㅎ으넌ㅆ]처럼 들려요.
　　각 층에 음수대가 설치되어 있지만, 정비로 인해
　　일시적으로 운영이 중단되었습니다.

4　Many tea products are **sweetened** with sugar, which eases their bitter taste and makes them more palatable.
　　많은 차 제품은 설탕으로 단맛을 내는데, 설탕이 차의 쓴맛을 누그러뜨리고 맛을 더욱 좋게 합니다.

5　I saw a **frightened** look on her face.
　　나는 그녀가 겁먹은 표정을 하고 있는 걸 봤어요.

temporarily 일시적으로　maintenance 보수, 정비　ease 덜어주다　palatable 맛 좋은, 입에 맞는

1

A Do you have his phone number?　그의 전화번호 가지고 있어?

B I have it here. I have it **written** on my palm since I didn't have anything else to write on.　여기 있어. 쓸 데가 없어서 내 손바닥에 적어 놨어.

2

A It's really cold, and there's a strong, gusty wind outside. You better **button** up your coat and cover your head.
　　밖이 정말 춥고 바람이 세차게 불어. 외투 단추를 채우고 머리를 가려야 해.

B I will. I don't want to get sick from the cold.
　　그렇게. 감기 걸리고 싶지 않아.

gusty (폭풍우 등이) 세찬　button up 단추를 채우다

A 잘 듣고 보기 중 제시된 단어를 바르게 발음한 것을 고르세요.

1 mountain   ⓐ ⓑ ⓒ   2 cotton   ⓐ ⓑ ⓒ

3 certain   ⓐ ⓑ ⓒ   4 sweetened   ⓐ ⓑ ⓒ

5 fountain   ⓐ ⓑ ⓒ   6 frightened   ⓐ ⓑ ⓒ

B 다음 문장을 잘 듣고 빈칸에 들어갈 알맞은 단어를 쓰세요.

1 You can simply start by pressing the ＿＿＿＿＿ next to the gear.
   기어 옆에 있는 버튼을 누르면 간단히 시작할 수 있어요.

2 I'm good at ＿＿＿＿＿ interviews, but I need to work on my oral interview skills.
   난 필기 면접은 잘할 자신 있는데, 구술 면접은 실력을 길러야 해.

3 Do you have ＿＿＿＿＿ peanut butter? I can't eat too much refined sugar.
   무가당 땅콩버터가 있나요? 저는 정제된 설탕을 많이 먹으면 안 돼요.

4 I had not ＿＿＿＿＿ anything till late in the afternoon.
   저는 오후 늦게까지 아무것도 먹지 않았어요.

C 다음 대화를 잘 듣고 빈칸에 들어갈 알맞은 단어를 쓰세요.

1 A These letters ＿＿＿＿＿ on the package are so small that I can't read them.
      여기 소포에 적힌 글자들이 너무 작아서 읽을 수가 없어.

   B Let me take a picture and have it blown up so that you can read them.
      내가 사진을 찍어서 확대해 줄게. 네가 읽을 수 있게.

2 A I don't wear ＿＿＿＿＿ shirts when I work out.
      나는 운동할 때 면 셔츠를 안 입어.

   B I don't either. ＿＿＿＿＿ shirts are sticky when you sweat and easy to get wrinkles.
      나도 그래. 면 셔츠는 땀이 나면 달라붙고 주름이 잘 생겨.

refined sugar 정제 과정을 거친 설탕   blow up (사진을) 확대하다

-ts/-ths는 [ㅉ]로

단어 끝에 나오는 -ts, -ths를 '-트스', '-쓰스'라고 잘못 발음하는 경우를 많이 봅니다. 사실, 둘 다 무성음으로 조합된 소리이기 때문에 원어민에게도 쉽지 않은 발음입니다. 그래서 그들도 일종의 편법을 써서 발음하고 있는데, -ts의 경우 t와 s를 한번에 'ㅉ'로 발음합니다. 무성음 [θ]와 [s]의 조합인 -ths도 마찬가지로 'ㅉ'로 소리 냅니다. 편의상 우리말 'ㅉ'로 표기했지만 공기를 세게 내보내면서 발음하는 강한 무성음이라는 것에 주의하세요.

STEP 1 • 단어 듣고 발음하기　　　　　　　　　　　　　　　　　　　　　◎ 245

	한국식 발음	미국식 발음
cos**ts**	코스트스	코어ㅅㅉ
studen**ts**	스튜던트스	ㅅ**뜌**우든ㅉ
interes**ts**	인터레스트스	**인**터뤄ㅅㅉ
assistan**ts**	어시스턴트스	어**씨**스턴ㅉ
six**ths**	식스쓰스	씩ㅆㅉ
mon**ths**	먼쓰스	먼ㅉ
mou**ths**	마우쓰스	마우ㅉ
pa**ths**	패쓰스	패ㅉ

interest 이익, 관심　assistant 조수, 보조　path 길, 경로

발음/청취 KEY POINTS

- 단어 끝에 나오는 -ts의 발음은 공기를 세게 내보내면서 [ㅉ] 정도로 발음합니다.
- -th[θ]로 끝나는 단어 뒤에 s가 붙어 복수형이 되는 단어는 한정되어 있습니다. [θ]와 [s]가 이어져도 한꺼번에 'ㅉ'로 발음합니다.
- mouths의 경우 -ths를 유성음 [z]로 소리 내기도 해요. 따라서 [마우ㅉ]와 [마우ㅈ]로 모두 발음할 수 있다는 것을 알아 두세요.

1 The rent is two **months** overdue. 집세가 두 달 연체되었어요.

2 We need to make decisions based on the **interests** of the community.
우리는 공동체의 이익에 근거하여 결정을 내려야 합니다.

3 In most cases, five-**sixths** of bottled products will be used before they get thrown away. 대부분 병제품의 경우 5/6만 사용되고 나서 버려집니다.

4 When you walk into the main campus gate, there are three **paths** leading to different sites of the campus.
캠퍼스 정문으로 들어서면 캠퍼스 내에서 각기 다른 장소로 이어지는 세 갈래의 길이 있습니다.

5 The smell from that restaurant made our **mouths** water.
그 식당에서 나는 냄새에 우리는 군침이 돌았어요.

1

A When do you think this road construction will be over? They've been digging up the road for **months**.
이 도로 공사가 언제 끝날 것 같아요? 그들이 도로를 파헤친 지 몇 달 됐어요.

B I have no idea. They don't seem to be in a hurry at all.
모르겠어요. 공사를 전혀 서두르는 것 같지 않아요.

2

A Are there any teaching **assistants** available next semester? I need two **assistants**: one for an undergraduate course and the other to grade papers for a graduate course.
다음 학기에 가능한 조교가 있나요? 저는 조교 두 명이 필요해요. 한 명은 학부 과정을 위해서이고, 다른 한 명은 대학원 과정의 보고서 채점을 위해서요.

B We're going to open several assistant positions soon, and the announcement will be posted on our homepage this Wednesday.
조만간 조교직 몇 자리에 대한 채용공고를 낼 겁니다. 그 공고가 이번주 수요일 홈페이지에 게시될 거예요.

undergraduate course 학부 과정   graduate course 대학원 과정

A 잘 듣고 보기 중 빈칸에 들어갈 알맞은 단어를 고르세요.

1 seven _____   ⓐ math   ⓑ months

2 best _____   ⓐ assistants   ⓑ interests

3 different _____   ⓐ paths   ⓑ parts

4 living _____   ⓐ curbs   ⓑ costs

5 many _____   ⓐ students   ⓑ structures

6 five- _____   ⓐ sixteenths   ⓑ sixths

B 다음 문장을 잘 듣고 빈칸에 들어갈 알맞은 단어를 쓰세요.

1 It's been seven _____ since he went to the University of Texas as an exchange student.
그가 교환 학생으로 텍사스대학에 간 지 7개월이 되었어요.

2 Three-_____ are done by now.
지금까지 3/5이 완료되었어요.

3 Do you think the CEO has our best _____ at heart?
우리 CEO가 직원들의 복리를 염두에 두고 있다고 생각해요?

4 The majority of _____ work a part-time job or two during summer break.
대부분의 학생들은 여름 방학 동안 한두 개의 아르바이트를 합니다.

C 다음 대화를 잘 듣고 빈칸에 들어갈 알맞은 단어를 쓰세요.

1 A When you talk to your employees, avoid unnecessary negative comments at all _____.
직원들과 대화할 때 불필요한 부정적 발언은 반드시 피하세요.

   B I wouldn't do that even if I wanted to.
하고 싶어도 안 하려고요.

2 A When are you going to retire?
언제 은퇴하실 예정이세요?

   B I have a long way to go. I have five _____ to feed, and two of them are still in college. I also need to pay for their weddings.
아직 한참 남았어요. 부양가족이 다섯 명인데, 그중 둘은 아직 대학에 다니고 있어요. 걔네 결혼도 시켜야 하고요.

-ks/-sks는 [윽ㅆ]/[슥ㅆ]로

-s가 -k/-ke로 끝나는 단어에 붙어 -ks/-kes가 될 때는 어떻게 발음해야 할까요? lakes의 경우, 끝자음 -kes는 '크스'가 아니라 [윽ㅆ]로 발음되어 [레일ㅆ]로 들립니다. lakes의 마지막 -e는 아무런 음가가 없으므로 -k는 받침소리로 처리되고, 끝음 -s는 홀로 무성음으로 발음되는 것이죠. 마찬가지로, -sk로 끝나는 mask도 끝에 -s가 붙으면 -sks 부분은 [슥ㅆ]로 발음됩니다. -k는 받침소리로 처리되면서 [슥]이라는 하나의 음절로 소리 나고, 마지막 자음 -s는 센 호흡으로만 표현해 줍니다. 그래서 '매스크스'라고 하지 않고 [매슥ㅆ]라고 발음합니다.

STEP 1 • 단어 듣고 발음하기

▶ 249

	한국식 발음	미국식 발음
parks	파크스	파아r윽ㅆ
drinks	드링크스	쥬륑윽ㅆ
works	워크스	워어r윽ㅆ
takes	테이크스	테잌ㅆ
likes	라이크스	라잌ㅆ
stinks	스팅크스	ㅅ띵윽ㅆ
masks	매스크스	매슥ㅆ
tasks	태스크스	태슥ㅆ

stink 악취가 나다   task 일, 과제

- -ks/-kes로 끝나는 단어는 k를 받침소리로 처리하고, 끝자음 -s를 센 호흡으로 표현하여 [윽ㅆ]와 같이 발음합니다.
- -sks로 끝나는 단어는 sk를 무성음 [슥]로 발음하면서 바로 -s를 공기가 새어나가는 무성음으로 표현하여 [슥ㅆ]와 같이 발음합니다.

1 The transaction usually **takes** about two weeks to process, and you will receive a text to activate your account.
거래가 처리되는 데 보통 2주가 소요되며, 본인이 계정을 열 수 있도록 문자를 받게 됩니다.

2 I bought a pack of face **masks**, and I'm sharing them with my husband. 미용 마스크 한 팩을 사서 남편이랑 나눠 쓰고 있어요.

3 No matter how you cook it, fish **stinks**.
어떤 식으로 요리하든지 생선은 냄새가 납니다.

4 The picture of my granddaughter and her puppy got over 100 **likes** on Facebook.
제 손녀와 그 애의 반려견 사진이 페이스북에서 100개가 넘는 '좋아요'를 받았어요.

5 He **works** full time and takes classes on weekends.
그는 풀타임으로 근무하고 주말에는 수업을 들어요.

process 처리하다   activate one's account 계정을 열다: 보통 문자나 이메일로 보안 코드를 보내 이를 입력한 후 계정에 접속할 수 있다.

1

A Do you have national **parks** in Korea? 한국에 국립공원이 있나요?

B Of course. We have 22 national **parks**, and 8 of them are very popular. 그럼요. 22개의 국립공원이 있어요. 그중 여덟 곳이 아주 인기 있어요.

2

A I had a mixture of **drinks** last night. I feel so sick.
나 어젯밤에 술을 섞어 마셨어. 속이 너무 안 좋아.

B Oh, no. Do you want me to make some bean sprout soup or something? 저런. 콩나물국이라도 끓여 줄까?

A 잘 듣고 보기 중 제시된 단어를 바르게 발음한 것을 고르세요.

1 works   ⓐ ⓑ ⓒ   2 parks   ⓐ ⓑ ⓒ

3 stinks   ⓐ ⓑ ⓒ   4 drinks   ⓐ ⓑ ⓒ

5 masks   ⓐ ⓑ ⓒ   6 likes   ⓐ ⓑ ⓒ

B 다음 문장을 잘 듣고 빈칸에 들어갈 알맞은 단어를 쓰세요.

1 The old palaces in Seoul serve as _____ where you can enjoy ancient
   architecture and well-manicured gardens.
   서울의 고궁은 고대 건축물과 잘 손질된 정원을 즐길 수 있는 공원 역할을 합니다.

2 Did you cook fish or something? This place _____ badly!
   생선 요리 같은 거 했어? 여기 냄새가 지독해!

3 I don't like to do simple, repetitive _____.
   저는 단순하고 반복적인 일을 하는 걸 좋아하지 않아요.

4 He _____ short walks around the neighborhood.
   그는 짧게 동네를 산책하는 걸 좋아해요.

C 다음 대화를 잘 듣고 빈칸에 들어갈 알맞은 단어를 쓰세요.

1 A This table _____ up too much space in this room. Let's move it
      somewhere else.
      이 탁자는 이 방에서 공간을 너무 많이 차지해요. 다른 데로 옮깁시다.

   B We don't really use it anymore. Let's get rid of it.
      사실 더 이상 그걸 사용하지도 않잖아요. 빼 버리죠.

2 A This job requires doing _____ that are repetitive and lengthy, and
      it is not very exciting for some people. Would you like to do this kind of
      job?
      이 일은 반복적이고 지루한 업무를 해야 해서 어떤 사람들에게는 그다지 흥미있는 일이 아닌데요. 귀하는 이 일
      을 하고 싶습니까?

   B Yes, of course. I am better at maintaining routine _____ than dealing
      with constant changes.
      물론이죠. 저는 업무 내용이 계속해서 바뀌는 일보다 정해진 업무를 하는 걸 더 잘합니다.

architecture 건축물   well-manicured 잘 정돈된

-dly/-tly는 [을리]로

부사 혹은 형용사를 만드는 어미 -ly가 -d/-t/-te/-nt로 끝나는 단어 뒤에 붙어 -dly/-tly/-tely/-ntly와 같은 형태가 될 때는 발음을 어떻게 할까요? 예를 들어 lately를 [레이틀리]라고 발음해도 틀린 것은 아니지만, 원어민은 주로 [레잍을리]처럼 발음합니다. 이는 -ly 앞의 [t]를 받침소리로 보내놓고, 어미 -ly를 분리하여 '을리'만 따로 발음하기 때문입니다. 이때 [l]음은 발음 구조상 혀끝이 윗니 뒤쪽에 닿으면서 발성이 시작되어 '으' 소리가 살짝 들어가게 됩니다. badly처럼 끝자음이 -dly로 끝나는 경우도 마찬가지로, [d]가 받침소리로 들어가고 -ly 음이 분리된 듯 '을리'로 들립니다.

STEP 1 • 단어 듣고 발음하기   ▶ 253

	한국식 발음	미국식 발음
ba**dly**	배들리	**뱉**을리
sa**dly**	쌔들리	**쌛**을리
undoubte**dly**	언다우티들리	언**다**우륻을리
unexpecte**dly**	언익스펙티들리	어닉스**뻭**틷을리
la**tely**	레이틀리	**레**잍을리
gen**tly**	젠틀리	**젠**을리
frequen**tly**	프리퀀틀리	(f)ㅍ**뤼**이퀀을리
relucta**ntly**	릴럭턴틀리	**륄럭**턴을리

undoubtedly 의심할 여지 없이   unexpectedly 뜻밖에, 예기치 못하게   reluctantly 마지못해

발음/청취 KEY POINTS

- -dly/-t(e)ly/-ntly로 끝나는 단어는 [d]나 [t]가 받침소리로 처리되어 호흡에 묻히고, 어미 -ly는 별도의 음절로 끊어서 '을리'로 발음합니다.
- -nt로 끝나는 단어의 끝자음 t 소리는 주로 탈락됩니다. 따라서 gently의 경우에도 [t] 소리가 탈락되어 [젠을리]처럼 발음합니다.

1   He is **undoubtedly** the best candidate to lead the project.
그가 그 프로젝트를 이끄는 데 가장 잘 맞는 지원자라는 것에 의심할 여지가 없습니다.

2   **Sadly** to say, she didn't live to see any of her grandchildren.
슬프게도 할머니는 손주들을 못 보고 돌아가셨어요.

3   He **reluctantly** agreed that he would put his home up for sale.
집을 팔기 위해 내놓는 데 그는 마지못해 동의했어요.

4   He **gently** tapped me on the shoulder and smiled.
그는 부드럽게 내 어깨를 톡톡 치면서 웃었어요.

5   I have been forgetful **lately**.
나 요즘 깜박깜박해.

put up for sale 팔려고 내놓다   tap (가볍게) 톡톡 두드리다

1
A Your car is **badly** damaged on the backside. What happened?
당신 차 뒷부분이 심하게 손상됐어요. 무슨 일이 있었어요?

B I was in a hurry backing up and didn't see a car coming from the side of the road.
급하게 후진을 하고 있었는데, 길가 쪽에서 오는 차를 보지 못했어요.

2
A I was asked **frequently** about my blood type by Korean acquaintances. I wonder why they're so curious about my blood type.
나 한국 지인들에게 혈액형에 대한 질문을 많이 받았어. 내 혈액형을 왜 그렇게 알고 싶어하는지 궁금해.

B They think they can tell your personality and tendencies by your blood type.
그들은 혈액형으로 사람의 성격과 성향을 알 수 있다고 생각하거든.

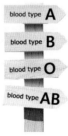

back up (차를) 후진시키다   acquaintance 아는 사람, 지인

A 잘 듣고 보기 중 빈칸에 들어갈 알맞은 단어를 고르세요.

1 behave ＿＿＿＿＿＿ ⓐ sadly ⓑ badly

2 come ＿＿＿＿＿＿ ⓐ unexpectedly ⓑ undoubtedly

3 forgetful＿＿＿＿＿＿ ⓐ lastly ⓑ lately

4 ＿＿＿＿＿＿ talented ⓐ unexpectedly ⓑ undoubtedly

5 ＿＿＿＿＿＿ asked questions ⓐ frequently ⓑ freely

6 breathe ＿＿＿＿＿＿ ⓐ greatly ⓑ gently

B 다음 문장을 잘 듣고 빈칸에 들어갈 알맞은 단어를 쓰세요.

1 You are ＿＿＿＿＿＿ the most talented person in that area.
의심할 여지 없이 당신은 그 분야에서 가장 재능 있는 사람입니다.

2 One of the most ＿＿＿＿＿＿ asked questions about Korea is why Koreans are so scared of the number 4.
한국에 대해 가장 자주 묻는 질문 중 하나는 왜 한국인들이 숫자 4를 두려워하는가입니다.

3 ＿＿＿＿＿＿, she passed away last month at the age of 80.
안타깝게도, 그녀는 80세의 나이로 지난 달 세상을 떠났습니다.

4 She ＿＿＿＿＿＿ nodded and signed the paper.
그녀는 마지못해 고개를 끄덕이고 그 서류에 서명했어요.

C 다음 대화를 잘 듣고 빈칸에 들어갈 알맞은 단어를 쓰세요.

1 A I haven't seen you ＿＿＿＿＿＿. How have you been?
요즘 잘 안 보이시던데, 어떻게 지냈어요?

B I went to Jeju-do for the long weekend. I needed a break from a hard week at work.
긴 주말 연휴 동안 제주도에 다녀왔어요. 직장에서 고된 한 주를 보내서 휴식이 필요했어요.

2 A Do you hear the rain ＿＿＿＿＿＿ hitting the windows?
빗방울이 부드럽게 창문을 치는 소리가 들려?

B Yes, of course. I love that sound of rain like that.
그럼. 난 저런 빗소리가 정말 좋아.

EXERCISE

A 복자음에 주의하여 다음 어구를 잘 듣고 빈칸을 채우세요.

1 Christmas _____

2 a _____ on the face

3 _____ -free fabric

4 speak _____

5 _____ processing

6 _____ tea

7 _____ to say

8 playing the _____

9 writing _____

10 _____ of living

B 복자음에 주의하여 다음 문장을 잘 듣고 빈칸을 채우세요.

1 We've talked about this for a _____ _____ _____.
우리는 이 사안에 대해 두어 달 동안이나 의논해 오고 있어요.

2 Any constructive criticism would be _____ appreciated.
건설적인 비판을 해 주신다면 대단히 감사하겠습니다.

3 The instructions are _____ _____ and hard to follow.
설명서가 잘못 쓰여 있어서 따라 하기가 어려워요.

4 We need a new dish _____—one that is heavy duty but not made of stainless steel.
우리 새 수세미가 필요해요. 튼튼하되 스테인리스 재질은 아닌 걸로요.

5 The crew will show up around 10:00 AM and start _____ _____ _____ along the sidewalk.
작업팀이 오전 10시경 도착해서 인도를 따라 심어진 나무의 가지치기를 시작할 겁니다.

C 복자음에 주의하여 다음 단락을 잘 듣고 빈칸을 채우세요.

1 Jennifer _____ got married to a Japanese guy, so she moved to his home in Kyoto. She seemed happy to live in a _____ _____. But after three _____, she changed her mind. Now she gets lonely a lot and often misses her family and friends.

제니퍼는 최근에 일본인 남자와 결혼해서 교토에 있는 그의 집으로 들어갔어요. 외국에 나가 사는 게 행복해 보였죠. 그런 데 3개월이 지난 후 마음이 바뀌었어요. 지금 그녀는 많이 외로워하고 가족과 친구들을 종종 보고 싶어 해요.

2 Mountain hiking is my favorite exercise. We have a couple of hiking _____ about 10 minutes' drive away from home. When the children are off from _____ on Fridays, my entire family goes out to hike, and sometimes we _____ to the top of the mountain. On the way back home, we stop by a restaurant and eat dinner. That is our family outing.

등산은 내가 제일 좋아하는 운동이에요. 집에서 차로 10분 거리에 등산로가 몇 개 있는데, 아이들이 금요일에 학교를 쉬 면 우리 가족은 다 함께 등산을 가곤 해요. 때로는 산 정상에 오르기도 하고요. 집에 오는 길에 우리는 식당에 들러 저녁을 먹습니다. 그게 우리의 가족 나들이죠.

3 Many women are trying to lose weight and be _____. Being skinny is not a good goal for health and fitness. It may cause _____ health _____ such as malnutrition and vitamin deficiencies. Being in good shape and being fit are better goals in the long run.

많은 여성이 살을 빼고 날씬해지려고 노력하고 있습니다. 마른 것은 건강과 체력에 있어 좋은 목표가 아닙니다. 영양실조 와 비타민 결핍 같은 건강상의 위험을 야기할 수 있죠. 좋은 건강 상태와 몸매를 유지하는 것이 장기적으로 더 좋은 목표 입니다.

4 I love _____. When I feel exhausted from work, I just jump into my car and drive. Once I get on the highway, I roll down the windows and drive. Looking at the _____ and _____, I feel refreshed.

나는 운전을 좋아해요. 일 때문에 지칠 때는 그냥 차에 올라 타고 운전을 해요. 일단 고속도로에 들어서면 창문을 내리고 달리죠. 하늘과 산을 보면 기분이 상쾌해져요.

D 복자음에 주의하여 다음 대화를 잘 듣고 빈칸을 채우세요.

1 A I _____ breakfast this morning, so I'm extra hungry.

오늘 아침을 걸렀더니 배가 더 고파.

B Let's go out and eat. How about meatball _____ with a nice

salad?

나가서 먹자. 미트볼 스파게티에 맛있는 샐러드 어때?

2 A I can't give you a discount. But I can give you a coupon for your next

purchase.

할인을 해 드릴 수는 없지만, 다음 번 구매 시 사용하실 수 있는 쿠폰을 드릴게요.

B Okay. That _____. Thanks!

네. 좋아요. 감사합니다!

3 A I have a crew coming in today to remodel my kitchen. It will take at

least three or four _____ depending on the _____

of the job.

오늘 부엌을 리모델링하러 사람들이 와요. 작업 규모에 따라 적어도 3~4개월은 걸릴 거예요.

B How much will it cost you? Are you going to eat out every day for

three or four months _____? I don't think I could do that.

비용이 얼마나 들어요? 앞으로 3~4개월 동안 매일 외식을 하실 건가요? 저 같으면 그렇게 못 할 것 같아요.

4 A Try to get more sleep and rest. _____ and a lack of sleep will

aggravate _____ conditions that you're experiencing now.

잠을 더 많이 자고 쉬도록 하세요. 스트레스를 받고 수면 부족까지 되면 환자분께서 지금 겪고 있는 상태가 악화될
거예요.

B I will try, Doctor. Would you prescribe a sleeping aid for me? I need

some help to get more sleep.

노력해 볼게요, 선생님. 수면제 처방을 해 주시겠어요? 잠을 더 자려면 도움이 필요해요.

5 A His grandfather passed away _____ a couple of _____ ago.

그의 할아버지가 몇 달 전에 갑자기 돌아가셨어.

B He was very close to his grandfather, wasn't he?

그는 할아버지랑 상당히 가까운 사이였지, 그렇지 않아?

A Yes, he was. Because he was his grandfather's favorite, he inherited a fortune. Now he's a wealthy young bachelor even after paying off all his _____ _____.

응, 그랬지. 할아버지가 그를 가장 아꼈던지라 그는 많은 재산을 상속받았어. 그는 이제 학자금 대출을 다 갚고 나서도 돈많은 미혼남이 되었어.

6 A I have received _____ from customers about how you treat them _____.

최근에 당신의 고객 응대에 대한 불만이 접수됐어요.

B I know. I apologize. I will do my best to be nice to customers.

알고 있습니다. 죄송합니다. 친절히 고객을 대하도록 최선을 다하겠습니다.

A Politeness _____ nothing. Smiling _____ nothing. And you will gain more than you expect.

공손한 태도는 돈이 안 들어요. 미소도 돈이 안 들죠. 그로 인해 얻는 게 생각보다 더 많습니다.

3

PART

영어 발음 실전 훈련

축약

영어 문장의 리듬을 살펴보면, 조동사나 be동사와 같은 단어들을 다소 불분명한 발음으로 빨리 말하고 지나가는 것을 알 수 있습니다. 문장 내에서 문법적인 틀을 갖춰주는 기능어 역할을 하는 단어들이기 때문인데요, 조동사나 be동사는 다른 단어들과 연결되면서 마치 한 단어처럼 축약되기도 합니다. 이는 기능어 역할을 하는 단어들을 약하게 발음하는 대신 상대적으로 중요한 의미어들을 강조하는 발음 습관에서 비롯된 현상이죠.

그럼 본격적으로 축약 표현들을 살펴봅시다. 조동사나 be동사가 대명사/의문사와 축약될 때의 발음, 그리고 부정어 not이 조동사/be동사/do동사와 함께 축약될 때의 발음을 집중적으로 배워 보겠습니다. 이런 경우에는 발음뿐만 아니라 철자도 축약하여 표기하므로 축약된 표기법도 함께 알아두어야 합니다.

축약되어 덩어리로 뭉쳐 들리는 소리들에 익숙해지도록 평소 꾸준히 훈련해 두면 축약된 발음을 듣더라도 당황할 일이 없을 것입니다.

조동사/be동사의 축약

일반적인 대화 속도에서 약하게 발음하는 경우가 가장 잦은 단어는 조동사입니다. 조동사는 말 그대로 본동사를 도와 문장의 형태를 갖추는 역할을 하므로 강한 악센트를 받는 본동사보다 약하게 발음됩니다. 특히 인칭대명사와 나란히 놓일 때는 축약되어 마치 하나의 단어처럼 짧고 약하게 발음되지요.

표기할 때도 어포스트로피(')를 사용하여 인칭대명사와 함께 축약하여 표기하기도 합니다. 따라서 조동사의 발음은 인칭대명사와 함께 묶어 익히는 것이 좋습니다.

★ 진행형과 수동태 문장에서는 be동사가, 완료시제에서는 have/has가 각각 조동사 역할을 합니다.

will → 'll [l]   ▶ 259

I'll [아일]	you'll [이유을]	he'll [히열]
she'll [쉬열]	we'll [우위열]	they'll [(ð)데이열]
it'll [이를]	that'll [(ð)대를]	

1 I'll go out for dinner with my family tomorrow night. **[I will]**
전 내일 저녁에 가족들과 외식을 할 거예요.

2 You'll know when you get there. **[You will]**
거기 도착하면 알게 될 거야.

3 She's out to lunch now, but she'll be back in half an hour. **[she will]**
그녀는 지금 점심 먹으러 나가고 없는데 30분 후면 돌아올 거예요.

4 That'll be all for now. I don't need anything else. **[That will]**
그거면 됐어요. 다른 건 필요한 게 없어요.

would / had → 'd [d]   ▶ 260

I'd [아읻]	you'd [이유읻]	he'd [히읻]
she'd [쉬읻]	we'd [우위읻]	they'd [(ð)데읻]
it'd [이릳]	that'd [(ð)대릳]	what'd [와릳]

★ would와 had는 축약될 때 발음이 같아서 문맥을 통해 구별해야 합니다.

1   I'd like to cash this check, please. **[I would]**
이 수표를 현금으로 바꾸고 싶습니다.

2   He gave me a picture which he'd drawn. **[he had]**
그는 자기가 그린 그림을 나에게 주었어요.

3   We'd like you to stay with us at least for a couple of days. **[We would]**
적어도 이틀 정도는 저희와 함께해 주셨으면 좋겠네요.

4   That'd be great. Thanks! **[That would]**
그러면 좋죠. 고마워요!

have → 've [v]　　　　　　　　　　　　　● 261

I've [아이v]　　　　　　　　　　you've [이유v]

we've [우위v]　　　　　　　　　they've [(ð)데이v]

1   You've never mentioned her name as far as I can remember.
[You have]
내가 기억하는 한 당신은 그녀의 이름을 한 번도 언급한 적이 없어요.

2   We've been in the same situation as you are now. **[We have]**
우리는 지금 당신과 같은 상황에 처해 있어요.

is / has → 's [s/z]　　　　　　　　　　　● 262

he's [히ㅈ]　　　　　she's [쉬ㅈ]　　　　　it's [이ㅊ]

Mike's [마익ㅆ]　　　that's [(ð)대ㅊ]　　　what's [와ㅊ]

who's [후ㅈ]　　　　where's [웨어ㅈ]　　　when's [웬ㅈ]

how's [하우ㅈ]　　　there's [(ð)데어ㅈ]　　　John's [좐ㅈ]

★ is/has가 축약되어 's가 될 때, 앞 단어의 끝음이 무성음 -k/t/p/s이면 -s는 [s]로 발음되고 그밖의 유성음으로 끝나면 [z]로 발음됩니다.

★ 소유격 's도 마찬가지로 앞 단어의 끝음이 무성음이면 [s], 유성음이면 [z]로 발음됩니다.

1   He's been sitting in front of the computer for hours. **[He has]**
그는 몇 시간째 컴퓨터 앞에 앉아 있어요.

2   It's no use crying over spilled milk. **[It is]**
엎질러진 물을 주워 담을 수는 없다.

3   What's showing at the movie theater? **[What is]**
그 영화관에서 무엇을 상영하고 있나요?

4   I will stop by Mike's cubicle to talk to him about this report. **[소유격 's]**
마이크의 자리에 들러서 이 보고서에 대해 이야기하려고요.

am → 'm [m]   are → 're [r]   ○ 263

I'm [아임]   you're [이유아r]   we're [우위아r]

they're [(ð)데이아r]   what're [와라r]   there're [(ð)데어뤄r]

1   He's a pilot, and I'm a flight attendant. **[I am]**
그는 조종사이고, 저는 비행기 승무원입니다.

2   We're arriving at the airport in 15 minutes. **[We are]**
우리는 15분 후 공항에 도착합니다.

3   They're at the martial art studio now taking a taekwondo class.
[They are]
그들은 지금 도장에서 태권도 수업을 듣고 있어요.

 **CHECK-UP**   ○ 264

다음 문장을 잘 듣고 괄호 안의 단어 중 알맞은 것을 고르세요.

1   (I'd / I do) love to eat that sweet stuff, but I can't because I'm a diabetic.
그 달콤한 걸 먹고 싶지만 저는 당뇨병이 있어서 못 먹어요.

2   You can ask him again, but (he's / he'll) still say no.
그에게 다시 물어볼 수는 있겠지만 그는 여전히 안 된다고 말할걸.

3   Where (they're / there's) life, there's hope.   삶이 있는 곳에 희망이 있다.

4   May I ask what the nature of the business (you've / you're) expecting to
do is?   어떤 사업을 하시려는 건지 여쭤봐도 될까요?

5   (They'd / They've) been getting nothing but 5-star reviews for the last
three months.   그들은 지난 3개월 동안 별 다섯 개의 리뷰 밖에 안 받았어요.

6   It really depends on (who's / who're) in charge in terms of how to make
changes in policy.   정책을 어떻게 변화시킬 것인지는 누가 책임자가 되느냐에 따라 결정됩니다.

won't, can't, haven't, isn't 등과 같이 부정어 not은 바로 앞에 오는 조동사 혹은 be동사와 함께 축약되어 발음됩니다. 부정어가 축약된 단어는 부정의 의미 전달을 위해 강세로 발음합니다. 그러나 부정의 의미를 강조하는 경우에는 앞의 조동사나 be동사와 함께 축약하지 않고 부정어 not에만 강세를 두어 말하기도 합니다. She is not my sister.와 같은 문장처럼요.

축약된 부정형의 끝소리는 -n't[nt]입니다. 그러나 자연스러운 대화 속도에서는 [nt]의 [t]음이 탈락되기도 합니다. 따라서 is와 isn't처럼 긍정형과 부정형의 차이를 [n]음 하나로 구별해야 하기도 하죠. 조동사/be동사와 부정어 축약의 끝소리에 [n]음이 섞였다면 부정형임을 재빨리 알아차릴 수 있어야 합니다.

또한 can과 can't의 경우에도 긍정형과 부정형을 소리만으로 구별해내기 쉽지 않습니다. can't의 끝자음 [t]가 탈락되어 can과 동일한 소리가 나기 때문이죠. 하지만 can은 문장에서 주로 약화되면서 can 뒤에 오는 동사를 강조하여 발음하는 경향이 있습니다. 반면에 can't는 강세를 두어 세게 발음하므로 차이를 느낄 수 있을 것입니다.

★ -n't의 [t]음 탈락 현상에 대한 자세한 내용은 141쪽 참고

do동사 + not

○ 265

don't [**도**운(ㅌ)]　　　　doesn't [**더**즌(ㅌ)]　　　　didn't [**디**른(ㅌ)]

1　Don't waste your life with fears and worries. [Do not]
두려움과 걱정으로 인생을 낭비하지 마세요.

2　He doesn't go out to eat without his family. [does not]
그는 가족 없이는 외식을 하지 않아요.

3　She said she didn't get enough sleep last night. [did not]
그녀는 어젯밤에 잠을 충분히 못 잤다고 말했어요.

조동사 + not

▶ 266

won't [워운(ㅌ)]   wouldn't [우른(ㅌ)]

can't [캔(ㅌ)]   couldn't [쿠른(ㅌ)]

shouldn't [슈른(ㅌ)]   needn't [니른(ㅌ)]

★ needn't(~할 필요가 없다)는 축약형 대신 don't need to나 don't have to로 더 흔히 써요.

★ must와 might의 부정형은 각각 mustn't, mightn't로 축약되기도 해요. 하지만 원어민들은 보통 must not, might not으로 not을 강조하여 발음하는 경우가 많습니다.

1   I won't attend the meeting. **[will not]**
    저는 그 회의에 참석하지 않을 겁니다.

2   I wish my roommate wouldn't leave his dirty socks all over the floor.
    [would not]
    내 룸메이트가 자기 지저분한 양말을 온 바닥에 널어놓지 않았으면 좋겠어.

3   I can't tell you what to do; it's your choice. **[cannot]**
    내가 너한테 어떻게 하라고 말할 수 없어. 네가 선택할 일이야.

4   She was so angry that she couldn't speak at all. **[could not]**
    그녀는 너무 화가 나서 한마디도 할 수 없었어요.

5   You shouldn't have said that. **[should not]**
    그렇게 말해서는 안 돼.

have동사 + not

▶ 267

haven't [해(v)븐(ㅌ)]   hasn't [해즌(ㅌ)]   hadn't [해른(ㅌ)]

1   I haven't finished my homework yet. **[have not]**
    나 숙제를 아직 못 끝냈어.

2   It's odd that she hasn't been answering my texts all day. **[has not]**
    그녀가 하루 종일 내 문자에 답을 안 하다니 이상해.

3   I wish I hadn't eaten too much at dinner tonight. **[had not]**
    오늘 저녁을 너무 많이 먹지 말 걸 그랬어.

be동사 + not

⏵ 268

isn't [**이**즌(ㅌ)]   aren't [**아**안(ㅌ)]

wasn't [**워**즌(ㅌ)]   weren't [**워**언(ㅌ)]

★ be동사 am과 not은 축약하지 않습니다. 주어 I와 am을 축약하여 I'm으로 말하기는 해요.

1   I'm sorry, but he <u>isn't</u> at his desk now. **[is not]**
    죄송하지만 그는 지금 자리에 없어요.

2   They <u>aren't</u> that rich even though they act like high rollers. **[are not]**
    그들은 돈을 잘 쓰는 사람들처럼 행동하지만 그렇게 부자는 아니야.

3   I apologize that I left you off the list; it <u>wasn't</u> intentional. **[was not]**
    당신을 명단에서 빠뜨려서 죄송해요. 고의로 그런 게 아니에요.

4   We <u>weren't</u> just disappointed; we were absolutely devastated.
    [were not] 우리는 그냥 실망한 게 아니라 완전히 충격에 빠졌어요.

 CHECK-UP

⏵ 269

다음 문장을 잘 듣고 괄호 안의 단어 중 알맞은 것을 고르세요.

1   I (have / haven't) decided which one I should choose yet.
    어떤 것을 골라야 할지 아직 결정을 못 내렸어요.

2   I failed the test, and I don't know how I (can / can't) look my parents in the
    face. 시험에 떨어져서 부모님 얼굴을 어떻게 뵐지 모르겠어요.

3   You (were / weren't) at home yesterday, were you? 너 어제 집에 없었지?

4   We thought he (would / wouldn't) change his mind, but that didn't happen.
    우리는 그가 마음을 바꿀 거라 생각했지만 그런 일은 없었어요.

5   Megan got sick, so she (could / couldn't) join us today.
    메건이 아파서 오늘 우리와 함께할 수 없었어요.

6   Satisfaction (didn't / doesn't) come from the outside but from the inside.
    만족은 외부에서 오는 것이 아니라 내면에서 얻는 것입니다.

7   You (should / shouldn't) have made such negative comments about their
    performances. 그들의 실적에 대해 그렇게 부정적인 평가를 내리지 말았어야 했어요.

8   Trevor (can / can't) be your friend because he's your boss.
    트레버는 네 상사이기 때문에 너의 친구가 될 수 없어.

A 축약된 표현이 들어간 문장을 잘 듣고 빈칸을 채우세요.

1 _____ making a shopping list for holiday gifts for my family.

나는 우리 가족에게 줄 명절 선물 쇼핑 리스트를 만들고 있어요.

2 The train was so packed that I _____ even get on it.

기차에 사람이 너무 많아서 탈 수조차 없었어요.

3 _____ continue to send you email notifications on your delayed

payment until they get your money.

그들은 당신의 돈을 받을 때까지 지불 지연에 대한 이메일 통지를 계속해서 보낼 것입니다.

4 He said that _____ been trying to date several girls, but he

_____ clicked with anyone.

그는 여러 여자들과 데이트를 해 봤지만 마음이 통하는 사람은 없었다네요.

5 _____ love to go, but it's a bit of stretch on my budget to take a

trip to Europe at this point.

가고 싶긴 한데, 지금 이 시점에 유럽 여행을 가는 건 내 예산에서 벗어나서 말이야.

6 _____ gotten into you lately? _____ acting weird these days.

요즘 왜 그래? 너 요즘 이상하게 행동하고 있어.

7 That _____ be a problem as long as you limit your sugar intake.

설탕 섭취를 제한하는 한 그건 문제가 되지 않을 것입니다.

8 Please communicate and let us know what _____ found so that

_____ on the same page.

계속해서 연락 주고 받으면서 알아본 내용을 전달하도록 하세요. 그래야 우리가 서로 같은 정보를 공유하고 이해할 수 있
으니까요.

9 Whenever she gets stressed out, she _____ eat anything but will

drink coffee. 그녀는 스트레스를 받을 때마다 아무것도 먹지 않고 커피만 마셔요.

10 I'm glad we _____ go out last night because it was late and

raining with thunder and lightning later on.

밤이 늦은 데다가 나중에 천둥번개까지 치면서 비가 내려서 우리는 어젯밤 외출하지 않길 잘했어.

B 축약된 표현에 주의하여 다음 대화를 잘 듣고 빈칸을 채우세요.

1 A Where are the eggs?

계란은 어디에 있나요?

B ＿＿＿＿＿＿＿＿ on the counter next to the napkin holder.

카운터 위, 냅킨꽂이 옆에 있어요.

2 A Have you seen Donna lately? She looks much younger and seems to

have lost a few pounds. I ＿＿＿＿＿＿＿＿ recognize her at first when

I bumped into her in the hallway.

최근에 도나 봤어요? 훨씬 젊어 보이고 살도 좀 빠진 것 같아요. 복도에서 우연히 마주쳤는데 처음에는 못 알아봤다

니까요.

B I know. ＿＿＿＿＿＿＿＿ had a couple of plastic surgeries on her face

and lost weight.

맞아요. 그녀는 얼굴 성형 수술을 몇 번 했고 살도 빠졌어요.

3 A In America, young guys grow facial hair, expecting to look old and

mature.

미국에서 젊은 남자들은 나이 들고 성숙해 보이기를 기대하면서 수염을 길러요.

B I remember those days. I ＿＿＿＿＿＿＿＿ wait to get old, but now I

＿＿＿＿＿＿＿＿ stand it when young people give me their seats on the

subway because they think that I'm a senior citizen.

나도 그 시절을 기억해요. 빨리 나이가 들고 싶었는데, 지금은 젊은 사람들이 내가 노인인 줄 알고 지하철에서 자리를

양보하면 참을 수가 없어요.

4 A Should I get cash out of the ATM?

현금인출기에서 현금을 좀 뽑아야 할까요?

B I think ＿＿＿＿＿＿＿＿ a good idea. ＿＿＿＿＿＿＿＿ need some.

Some mom-and-pop stores and small restaurants prefer cash.

좋은 생각인 것 같아요. 현금이 좀 필요할 거예요. 작은 가게나 식당에서는 현금을 선호하니까요.

A Okay. Then ＿＿＿＿＿＿＿＿ get enough for us to go out and eat.

I may also buy some small gifts for my family.

알겠어요. 그럼 외식하는 데 쓸 돈을 넉넉하게 찾아둘게요. 가족을 위한 작은 선물도 살 수 있고요.

PART 3

영어 발음 실전 훈련

6강 강세와 리듬

이제 본격적으로 영어 문장의 리듬을 익혀 보겠습니다. 지금까지 영어권 화자들의 대화에서 나타나는 발음 습관을 중심으로 하여 영어 특유의 발음 현상들을 정리해 보았습니다. 영어의 사운드 패턴을 한 곡의 노래라고 보면, 지금까지 익힌 것은 가사를 중심으로 곡의 흐름을 점검해 본 것이라고 할 수 있습니다. 이제부터는 곡조를 붙여서 가사와 함께 본격적으로 노래를 불러보는 단계라고 할 수 있죠.

영어의 기본 흐름을 타는 데는 각 단어가 가지고 있는 곡조, 즉 '강세'를 통해 형성되는 리듬을 이해하고 표현하는 것이 아주 중요합니다. 영어를 말할 때 이러한 특유의 리듬을 살리지 않고 단조롭게 발음하면, 아무리 영어 발음을 정확하게 구사한다고 해도 원어민에게는 생소한 언어로 들릴 것입니다.

따라서 이 단원에서는 단어 강세와 문장 강세, 그리고 이를 통해 형성되는 문장 리듬을 익혀 봅시다.

01

단어의 강세

❶ 단어의 강세

영어 특유의 독특한 리듬을 만들어내는 것이 바로 '강세'입니다. 강세란 음절이 두 개 이상인 단어에서 어느 한 음절을 강조하여 말하는 현상을 뜻합니다. 한 번에 발음할 수 있는 소리 마디를 '음절'이라 하는데요, 영어의 음절은 모음을 기준으로 나눕니다.

강세가 있는 모음은 힘을 실어 발음하고, 그렇지 않은 모음은 상대적으로 약하게 발음하거나 생략하기도 합니다. 이러한 강약의 흐름이 문장 전체의 리듬을 만들어내는 것이죠. 강세는 영어를 구성하는 중요한 요소이므로 새로운 단어를 익힐 때는 항상 강세의 위치까지 알아두는 것이 좋습니다.

2음절 단어　　　　　　　　　　　　　　　　　　　　　　　　○ 271

● •
　tennis [**테**ㄴ씨]　　　　　　bacon [**베**이큰]

　paper [**페**이퍼r]　　　　　　middle [**미**를]

　carpet [**카**아r핕]　　　　　parking [**파**아r킹]

　volume [(v)**발**류움]　　　　breakthrough [ㅂ **뤠**익(θ)쓰루]

• ●
　hotel [호우**텔**]　　　　　　occur [어**커**어r]

　expect [익쓰**뻭**ㅌ]　　　　polite [펄**라**일]

　refer [뤼(f)**퍼**어r]　　　　behind [비**하**인ㄷ]

　again [어**겐**]　　　　　　apart [어**파**아rㅌ]

★ cake, safe와 같이 끝자음 뒤에 붙는 -e는 아무런 음가를 지니지 않으므로, 음절을 형성하는 모음으로 간주하지 않습니다. 따라서 이들을 2음절 단어로 혼동하지 않도록 주의해야 합니다.

★ again, apart와 같이 첫소리로 나온 a가 강세를 받지 않는 경우 빠른 대화에서는 [으] 정도로 약화되어 거의 들리지 않게 되기도 합니다. 자세한 내용은 76쪽 참고

● ● ●	accident [**액**씨던ㅌ]		calendar [**캘**런더r]
	cassical [**클래**씨컬]		policy [**팔**러씨]
	hospital [**하**스삐를]		sympathy [**씸**퍼(θ)씨]
● **●** ●	apartment [어**파**아r트먼ㅌ]		computer [컴**퓨**우러r]
	fantastic [(f)팬**태**스틱]		musician [뮤우**지**션]
	recycling [뤼**싸**이클링]		athletic [애(θ)쓸**레**릭]
● ● **●**	engineer [엔쥐**니**어r]		magazine [매거**지**인]
	understand [언더r스**땐**ㄷ]		mayonnaise [메이어**네**이z]
	personnel [퍼어r써**넬**]		disconnect [디스커**넥**ㅌ]

● ● ● ●	actually [**액**츄얼리]		usually [**유**우쥬얼리]
	variable [(v)**베**어뤼어블]		temperature [**템**프뤄춰r]
● **●** ● ●	community [커**뮤**우너티]		original [어**뤼**줘늘]
	humanity [휴우**매**너티]		delivery [딜**리**(v)버뤼]
● ● **●** ●	politician [팔러**티**션]		motivation [모우러(v)**베**이션]
	optimistic [앞터**미**스띡]		conversation [칸(v)버r**쎄**이션]

복자음이 들어간 단어의 강세

단어의 강세를 익히면서 흔히 실수하는 부분이 복자음의 강세 처리입니다. 예를 들어 단어 credit은 복자음 cr-로 시작하면서 첫 번째 음절에 강세가 옵니다. 간혹 이 단어의 발음을 [크뤠딭]이라고 하여 'c[크]'에 강세를 넣어 발음하는 사람이 있습니다. 강세는 모음에 실어야 하는데, credit의 cr-은 자음 음가만으로 이루어지기 때문에 [ㅋ뤠딭]이라고 해야 바르게 강세가 실리게 됩니다.

brother [ㅂ**뤄**(ð)더r]	credit [ㅋ**뤠**딭]	greeting [ㄱ**뤼**이팅]
florist [(f)플로어**뤼**스ㅌ]	stomach [ㅅ**떠**먹]	trophy [**츄**로우(f)피]

❷ 강세의 위치에 따른 의미 변화

▶ 어근이 같은 단어일지라도 품사에 따라 강세의 위치가 변한다.

❍ 275

academy n. 학원, 학회

academic a. 학문적인, 학구적인

universe n. 우주, 세계

universal a. 보편적인

▶ 철자는 같으나 품사가 다른 경우 강세의 위치도 다르다.

conduct n. 행위, 처신

conduct v. 행동하다

permit n. 허가

permit v. 허용하다

record n. 기록

record v. 기록하다

object n. 물건, 물체

object v. 반대하다

discount n. 할인

discount v. 할인하다

present n. 선물

present v. 증정하다

▶ 두 개의 단어가 합쳐진 복합명사는 대부분 앞 음절에 강세를 둔다.

doorknob 문 손잡이

notebook 공책

firefighter 소방관

headset 마이크가 달린 헤드폰

screwdriver 나사돌리개

bookstore 서점

showroom 전시실

goldfish 금붕어

❸ 동사구의 강세

동사구는 보통 '동사+전치사', '동사+부사', '동사+명사+전치사'의 형태로 이루어집니다. 일반 동사가 홀로 서술 기능을 하는 문장에서는 일반적으로 동사에 최강세가 옵니다. 그러나 두 단어 이상이 모여 하나의 의미 단위를 이루는 동사구의 강세는 약간 다릅니다. 전치사가 동반되는 동사구에서는 전치사가 보통 약세를 받지만, 부사가 동반되는 경우에는 동사보다는 부사에 최강세가 옵니다. 그리고 명사가 포함된 동사구에서는 명사에 최강세가 옵니다.

동사 + 전치사 ▶ 276

agree with [어그**뤼**이윋] ~에 동의하다

believe in [빌**리**이(v)빈] ~을 믿다

complain about [컴플**레**이너바웉] ~에 대해 불평하다

dream of [쥬**리**이머v] ~을 꿈꾸다

think about [(θ)**씽**커바웉] ~에 대해 생각하다

thank for [(θ)**쌩**ㅋ(f)포어r] ~에 감사하다

동사 + 부사 ▶ 277

get up [게**랖**] 일어나다

put on [푸**론**] (옷을) 입다

get through [게(θ)쓰**루**우] 끝내다, 통과하다

turn on [터어r**넌**] (전기를) 켜다

take off [테이**커**프] 이륙하다

move on [무우(v)**번**] (새로운 주제로) 넘어가다

동사 + 명사 + 전치사 ▶ 278

make an excuse for [메]이컨 익쓰**뀨**우즈 (f)포어r] ~에 대한 변명을 하다

have a good time with [해(v)버 **귿타**임 윋] ~와 좋은 시간을 갖다

take advantage of [테익 언(v)**밴**트저v] ~을 이용하다

have an impact on [해(v)번 **임**팩턴] ~에 영향을 주다

take care of [테이**케**어러v] ~을 돌보다

have a talk with [해(v)버 **토**억 윋] ~와 의논하다

❶ 중요 정보를 담는 내용어의 강세

한 문장 안에서도 강세를 넣어 강하게 발음해야 하는 단어가 있고, 약세로 발음해야 하는 단어가 있습니다. 강세로 발음해야 하는 단어는 그 문장의 내용을 전달하는 데 결정적인 역할을 하는 내용어(content words)이므로 중요한 의미를 담고 있습니다. 따라서 이런 단어는 힘주어서 강하게 발음하는 반면, 문장 형태를 이루는 뼈대 역할을 하는 단어는 약세로 발음하게 됩니다. 문장 내에서 강세로 발음되는 단어의 품사를 살펴보면 다음과 같습니다.

내용어의 품사   ▶ 279

[일반동사]	drive, work, sit, call, read, write, sleep, cook
[명사]	car, children, information, breakfast, computer, coffee
[형용사]	new, good, red, comfortable, bright, interesting
[부사]	really, very, always, usually, up, much, often, finally
[의문사]	who, what, which, whose, when, where, why, how
[지시대명사]	this, that, these, those
[소유대명사]	mine, yours, his, hers, ours, theirs
[부정어]	not, no, never, none, hardly
[수량형용사]	few, some, any, two, hundred, each, first, several

I'll <u>call</u> you tomorrow. [일반동사] 내가 내일 전화할게.

He eats <u>bread</u> and <u>cereal</u> for <u>breakfast</u>. [명사] 그는 아침으로 빵과 시리얼을 먹어요.

He was <u>satisfied</u> with his <u>good</u> grades. [형용사] 그는 좋은 성적을 받고 만족했어요.

I usually take a shower in the morning. [부사] 나는 보통 아침에 샤워를 해요.

Who is your favorite singer? [의문사] 네가 제일 좋아하는 가수는 누구야?

How often do you call your parents? [의문사] 부모님께 얼마나 자주 전화 드려?

This couch is more comfortable than that. [지시대명사] 이 소파는 저것보다 더 편하네요.

Those are mine, but you can use them. [소유대명사] 그건 내 거야. 근데 사용해도 돼.

He is not really good at sports. [부정어] 그는 운동을 잘 못해요.

At some point, it's better to quit and move on. [수량형용사]
어느 시점에서는 그만두고 넘어가는 게 더 낫습니다.

❷ 기능어의 강세

문장의 문법적인 틀을 갖춰주는 말들을 기능어(function words)라고 합니다. 전하고자 하는 메시지보다는 문장의 완성도를 높여주는 말들이죠. 이러한 기능어는 문장 내에서 강조하지 않고 빠르게 발음하고 넘어갑니다.

일반동사는 행위나 상황을 나타내는 중요한 내용어이므로 강조하여 발음하지만, be동사는 특별한 의도가 없는 이상 강조하여 말하지 않습니다. 수동태나 진행형을 만드는 be동사도 약하게 발음합니다.

인칭대명사는 대화를 나누는 사람들이 이미 인지하고 있는 정보이므로 특별히 강조하지 않고 약하게 발음하는 경향이 있습니다. 전치사도 마찬가지로 강조되지 않는데요, in은 [은], at은 [읕], to는 [트] 정도로 약하게 발음되므로 주의해서 들어야 합니다.

기능어의 품사 ▶ 280

[be동사]	am, are, is, was, were
[조동사]	do, have, will, can, may, must, shall, would, could
[대명사]	I, you, he, she, we, they, him, her, us, them
[관사]	a, an, the

[전치사]	in, at, on, for, to, from, of
[관계사]	which, who, that, when, where
[접속사]	and, or, but, as, so, yet, that, if

★ but과 yet은 화자의 의도에 따라 강조하여 말하는 경우도 있어요.

They are very friendly with each other. [be동사] 그들은 서로 절친한 사이예요.

I can cook all kinds of dishes. [조동사] 나는 온갖 종류의 음식을 요리할 수 있어요.

The news was a shock to us. [대명사] 그 소식은 우리에게 충격적이었어요.

Let's meet in front of the main gate. [정관사] 정문 앞에서 만나요.

It took me a week to finish the report. [부정관사] 보고서를 끝내는 데 일주일이 걸렸어요.

Candles are burning on the table. [전치사] 탁자 위에서 양초가 타고 있습니다.

This is Michael Smith, who I was talking to you about the other day. [전치사]
일전에 통화했던 마이클 스미스라고 합니다.

She was very helpful when I was ill. [관계사] 제가 아팠을 때 그녀가 많이 도와줬어요.

I'm afraid that I'm not the right person to answer that question. [관계사]
죄송하지만 저는 그 질문에 답을 드리기에는 적임자가 아닙니다.

Home is a place where you can relax and get refreshed. [접속사]
집은 휴식을 취하고 에너지를 충전하는 장소입니다.

▶ 의미상 중요한 경우

A Oh, is this **your** pen or Susie's pen? ('너의' 것인지 '수지의' 것인지)
I picked it up on the floor.
이거 네 펜이야, 아니면 수지의 펜이야? 내가 바닥에서 주웠어.

B That's not mine. I think it's **her** pen. ('그녀의' 펜인 것 같다)
내 거 아니야. 수지 것 같아.

▶ 의미가 강조되는 경우

A I am not who I **was** when you first met me.
난 네가 날 처음 만났을 때의 내가 아니야.

B You're right. You've changed a lot.
맞아. 너 많이 변했어.

A Wow, your bag is so gorgeous.
와, 네 가방 진짜 끝내준다.

B Thank you. This is **the** bag that I'd wanted to buy for a long time.
고마워. 이거 내가 오랫동안 사고 싶어 했던 그 가방이야.

▶ 문장 앞에 오는 경우

Till when? 언제까지?　　　　　　**To** who? 누구에게?

Since when? 언제부터?　　　　　**From** where? 어디로부터?

So what? 그래서 뭐?　　　　　　**Who** knows? 누가 알겠어?

Do you have anything valuable inside? 안에 귀중한 물건이 들어 있나요?

May I come in? 들어가도 될까요?

Did you know he is not coming? 그가 오지 않는 걸 알았어요?

Where there is a will, there is a way. 뜻이 있는 곳에 길이 있다.

EXERCISE

A 다음 문장을 잘 듣고 밑줄 친 단어의 강세를 표시하세요.

1 Could you <u>conduct</u> the weekly staff meeting for me?
주간 업무 회의를 진행해 주실 수 있나요?

2 This presentation will be <u>recorded</u> and also uploaded to the portal.
이 발표는 녹화되고, 웹사이트에도 업로드될 예정입니다.

3 Can you give me a <u>discount</u>?
할인해 주실 수 있나요?

4 I heard her turning the <u>doorknob</u> to enter the room.
그녀가 방에 들어가기 위해 문 손잡이를 돌리는 소리를 들었어요.

5 If you don't get good reception on the <u>volume</u>, you may want to use the <u>headset</u>.
음량 수신 상태가 좋지 않으면 헤드셋을 사용하는 게 좋을 겁니다.

6 My nephew was a <u>firefighter</u> for 10 years, and then he joined the military.
제 조카는 소방관으로 10년간 근무했고, 그 후에 군대에 입대했어요.

7 In the <u>showroom</u>, Martin is the sales team leader, and two other <u>salespeople</u> work under him.
전시장에서 마틴이 영업팀장이고, 다른 두 명의 영업사원이 그의 밑에서 일합니다.

8 Smoking is not <u>permitted</u> anywhere inside the building.
건물 내 어디에서도 흡연은 금지되어 있습니다.

9 I <u>usually</u> stay up until midnight.
저는 보통 자정까지 깨어 있어요.

10 <u>Recently</u>, she has moved into that new <u>apartment</u>.
최근에 그녀는 새 아파트로 이사했어요.

B 다음 문장을 잘 듣고 강세로 발음되는 단어들에 밑줄을 그어 표시하세요.

1 We always buy fruits and vegetables from an organic food store.
우리는 항상 유기농 식품점에서 과일과 야채를 삽니다.

2 He asked Bill to drop his son off at the airport.
그는 빌에게 자신의 아들을 공항에 내려 달라고 부탁했어요.

3 We will conduct a survey after all the training sessions are done.
우리는 모든 교육이 끝난 후에 설문조사를 실시할 것입니다.

4 The roadwork has been causing traffic jams in the surrounding areas for months now.
도로 공사로 인해 주변 지역 교통 체증이 지금 몇 달째 계속되고 있습니다.

5 She changed her hair color, so I hardly recognized her.
그녀가 머리 색깔을 바꾸어서 거의 못 알아볼 뻔했어.

6 I was invited to a housewarming party by my colleague.
나 동료 집들이에 초대 받았어.

7 He said he's going to meet Sandy at four today.
그는 오늘 4시에 샌디를 만날 거라고 했어요.

8 We stopped at every signal on our way here.
우리는 여기 오는 동안 신호등마다 멈춰 섰어요.

9 You must have mixed me up with someone else.
저를 다른 사람과 혼동하신 것 같군요.

10 You can't get it at a convenience store. You should try a department store.
그건 편의점에서 안 팔아요. 백화점에 가 보셔야 해요.

정답

- **CHECK-UP**
- **EXERCISE**

1 PART

01 자음 [g]

CHECK-UP ● p.13

A 1 ⓑ   2 ⓐ   3 ⓒ   4 ⓒ

1 ⓐ gap   ⓑ jam   ⓒ give
2 ⓐ do   ⓑ go   ⓒ golf
3 ⓐ agree   ⓑ August   ⓒ street
4 ⓐ big   ⓑ hug   ⓒ hot

B 1 gap   2 outgoing
   3 golf   4 blog

02 자음 [h]

CHECK-UP ● p.15

A 1 ⓐ   2 ⓑ   3 ⓑ   4 ⓐ

1 ⓐ heat   ⓑ seat
2 ⓐ beside   ⓑ behind
3 ⓐ candle   ⓑ handle
4 ⓐ perhaps   ⓑ prince

B 1 help   2 stockholder
   3 carbohydrates   4 handsome

03 자음 [k]

CHECK-UP ● p.17

A 1 ⓒ   2 ⓒ   3 ⓐ   4 ⓑ

1 ⓐ credit   ⓑ color   ⓒ shower
2 ⓐ package   ⓑ parking   ⓒ painting
3 ⓐ gate   ⓑ cake   ⓒ work
4 ⓐ cooking   ⓑ bottle   ⓒ chemical

B 1 kind   2 kits
   3 credit   4 work

04 자음 [m]

CHECK-UP ● p.19

A 1 ⓑ   2 ⓐ   3 ⓐ   4 ⓑ

1 ⓐ net   ⓑ meet
2 ⓐ woman   ⓑ water
3 ⓐ comfortable   ⓑ confidence
4 ⓐ diner   ⓑ minor

B 1 problem   2 meet
   3 Diamonds   4 messaging

05 자음 [n]

CHECK-UP ● p.21

A 1 ⓑ   2 ⓑ   3 ⓒ   4 ⓒ

1 ⓐ nice   ⓑ meet   ⓒ next
2 ⓐ evening   ⓑ every   ⓒ optional
3 ⓐ cuisine   ⓑ Chinese   ⓒ charger
4 ⓐ necessary   ⓑ neighborhood
   ⓒ salary

B 1 refund   2 necessary
   3 relationship   4 neat

06 자음 [t]

CHECK-UP ● p.23

A 1 ⓐ   2 ⓐ   3 ⓑ   4 ⓑ

1 ⓐ top   ⓑ hop
2 ⓐ guitar   ⓑ guide
3 ⓐ home   ⓑ hotel
4 ⓐ bake   ⓑ date

B 1 target   2 potato
   3 test   4 feet

A 1 ⓒ 2 ⓐ 3 ⓒ 4 ⓒ
  5 ⓐ 6 ⓒ

B 1 grandmother 2 package
  3 name 4 handsome
  5 cuisine 6 hug
  7 target 8 project

C 1 handle 2 parking
  3 refund 4 potato
  5 woman 6 necessary
  7 blog 8 program

  1 취급 주의 2 주차권
  3 환불받다 4 난감한 문제
  5 직장 여성 6 필요악
  7 블로그에 글을 올리다 8 분위기를 파악하다

D 1 signal 2 hot / muggy
  3 evening 4 hits
  5 comfortable 6 calls / message
  7 point 8 hat / cool

07 자음 [b] vs. [v]

CHECK-UP ▶ p.29

A 1 [b] 2 [v] 3 [b] 4 [b]
  5 [v] 6 [v]

  1 berry 2 victory
  3 boat 4 busy
  5 valve 6 vow

B 1 b 2 v 3 v 4 v / b
  5 b 6 v

  1 예금 계좌 2 예의 없이 행동하다
  3 부드러운 목소리 4 음량 조절 장치
  5 커다란 사과 6 업그레이드 버전

C 1 vase 2 voice
  3 boat 4 vet

D 1 ribbon 2 service
  3 knob 4 bank

08 자음 [d] vs. [ð]

CHECK-UP ▶ p.33

A 1 ⓑ 2 ⓐ 3 ⓒ 4 ⓑ
  5 ⓐ 6 ⓒ

  1 ⓐ where ⓑ there ⓒ bear
  2 ⓐ either ⓑ bitter ⓒ winter
  3 ⓐ sudden ⓑ south ⓒ southern
  4 ⓐ handle ⓑ headline ⓒ athlete
  5 ⓐ smooth ⓑ smart ⓒ simple
  6 ⓐ apartment ⓑ compartment
    ⓒ department

B 1 dd 2 d 3 th 4 d
  5 th 6 th

  1 청첩장 2 최고의, 제일의
  3 비단처럼 매끄러운 4 현기증
  5 거의 다 됐어 6 형제자매

C 1 southern 2 breed
  3 clothing 4 do's

D 1 neighborhood 2 teething
  3 Dogs 4 smooth

09 자음 [f] vs. [p]

CHECK-UP ▶ p.37

A 1 [p] 2 [f] 3 [f] 4 [p]
  5 [p] 6 [f]

  1 pan 2 feel
  3 file 4 paper
  5 pill 6 fabulous

B 1 f 2 p 3 p / f 4 f
  5 p 6 f

  1 서류 캐비닛
  2 8시 30분
  3 아이들이 열 수 없게 만든 병
  4 조식 식당
  5 새로운 교육 정책
  6 가장 좋아하는 간식

C 1 found 2 fill
  3 pan 4 file

D 1 pull 2 Facebook
  3 girlfriend 4 respect

10 자음 [l] vs. [r]

CHECK-UP ▶ p.41

A 1 ⓐ 2 ⓑ 3 ⓑ 4 ⓒ
  5 ⓐ 6 ⓑ

  1 ⓐ label   ⓑ maple   ⓒ ribbon
  2 ⓐ liver   ⓑ river   ⓒ diver
  3 ⓐ sugar   ⓑ stapler   ⓒ quarter
  4 ⓐ professional   ⓑ international
    ⓒ recreational
  5 ⓐ lecture   ⓑ mature   ⓒ nature
  6 ⓐ grass   ⓑ glass   ⓒ press

B 1 r 2 l 3 r 4 r
  5 l 6 l

  1 영업 시간   2 잠금 화면
  3 왕실, 황족   4 고속도로 출구 차선
  5 바닥에 세우는 스탠드   6 차선 변경

C 1 loyal 2 rock
  3 collecting 4 ride

D 1 grass 2 lectures
  3 watermelon 4 Read

11 자음 [s] vs. [θ]

CHECK-UP ▶ p.45

A 1 [θ] 2 [s] 3 [s] 4 [θ]
  5 [θ] 6 [s]

  1 thought   2 circle
  3 sing   4 thin
  5 thousand   6 same

B 1 ss 2 c 3 th 4 th
  5 ss 6 s / th

  1 대중 매체   2 경주를 하다
  3 밟아서 다져진 길   4 생일 선물
  5 총소득   6 수학의 기본 개념

C 1 worth 2 thumb
  3 face 4 sought

D 1 thirteenth 2 awesome
  3 mess 4 strength

12 자음 [z] vs. [dʒ]

CHECK-UP ▶ p.49

A 1 ⓒ 2 ⓐ 3 ⓑ 4 ⓑ
  5 ⓒ 6 ⓑ

  1 ⓐ accept   ⓑ August   ⓒ adjust
  2 ⓐ cozy   ⓑ fudgy   ⓒ lodging
  3 ⓐ buzz   ⓑ budget   ⓒ bus
  4 ⓐ race   ⓑ razor   ⓒ lazy
  5 ⓐ price   ⓑ pledge   ⓒ please
  6 ⓐ breeze   ⓑ bridge   ⓒ breathe

B 1 j / d 2 dj 3 z 4 g
  5 z 6 g

  1 겉만 보고 판단하다   2 좌석을 조정하다
  3 실적을 인정하다   4 진품 다이아몬드
  5 면도날   6 아는 것이 힘이다

C 1 judge 2 optimizes
  3 adjust 4 zone

D 1 genuine 2 acknowledge
  3 edgy 4 cozy

EXERCISE ▶ p.50~51

A 1 ⓑ 2 ⓐ 3 ⓒ 4 ⓒ
  5 ⓑ 6 ⓑ

B 1 definitely 2 think
  3 cozy 4 vibrate
  5 messy 6 budget
  7 mediator 8 gather

C
1 path
2 reservations
3 breather
4 budget
5 daydreaming
6 forecast
7 banking
8 gesture

1 인적이 드문 곳에
2 예약을 취소하다
3 숨을 돌리다
4 돈이 없는, 빠듯한
5 헛된 꿈을 버리다
6 일기 예보
7 온라인 뱅킹
8 긍정적인 조치

D
1 finally
2 southern
3 four / fourth
4 mother / edgy
5 rid / collecting
6 visit / twelve
7 bar / judge
8 Inflation / harder

13 자음 [ʃ]

CHECK-UP
● p.53

A
1 ⓐ
2 ⓒ
3 ⓑ
4 ⓒ

1 ⓐ try　　ⓑ shy　　ⓒ shame
2 ⓐ share　　ⓑ shampoo　　ⓒ sunset
3 ⓐ accomplish　ⓑ strange　ⓒ sluggish
4 ⓐ friendship　ⓑ leadership　ⓒ sandwich

B
1 shame
2 accomplish
3 shy
4 sluggish

14 자음 [ʒ]

CHECK-UP
● p.55

A
1 ⓑ
2 ⓑ
3 ⓐ
4 ⓑ

1 ⓐ basic　　ⓑ beige
2 ⓐ mission　　ⓑ vision
3 ⓐ massage　　ⓑ method
4 ⓐ useful　　ⓑ usual

B
1 casual
2 vision
3 decision
4 measure

15 자음 [tʃ]

CHECK-UP
● p.57

A
1 ⓒ
2 ⓐ
3 ⓑ
4 ⓒ

1 ⓐ cheese　　ⓑ chase　　ⓒ Jason
2 ⓐ couple　　ⓑ couch　　ⓒ coach
3 ⓐ ketchup　　ⓑ setup　　ⓒ spinach
4 ⓐ touch　　ⓑ lunch　　ⓒ brush

B
1 childlike
2 chewy
3 purchase
4 couch

16 자음 [ŋ]

CHECK-UP
● p.59

A
1 ⓐ
2 ⓐ
3 ⓑ
4 ⓑ

1 ⓐ building　　ⓑ builder
2 ⓐ singer　　ⓑ single
3 ⓐ pound　　ⓑ parking
4 ⓐ angel　　ⓑ aging

B
1 song
2 hangers
3 landing
4 ranking

17 자음 [w]

CHECK-UP
● p.61

A
1 ⓒ
2 ⓑ
3 ⓒ
4 ⓒ

1 ⓐ way　　ⓑ why　　ⓒ say
2 ⓐ when　　ⓑ net　　ⓒ wet
3 ⓐ woman　　ⓑ weekend　　ⓒ ground
4 ⓐ always　　ⓑ sweep　　ⓒ here

B
1 why
2 sweep
3 always
4 weekend

CHECK-UP
● p.63

A　1 ⓐ　　2 ⓑ　　3 ⓑ　　4 ⓐ

1 ⓐ yacht　　ⓑ just
2 ⓐ less　　ⓑ yes
3 ⓐ Wednesday　　ⓑ yesterday
4 ⓐ yellow　　ⓑ hello

B　1 youth　　2 yard
3 younger　　4 yet

EXERCISE
● p.64~65

A　1 ⓒ　　2 ⓑ　　3 ⓒ　　4 ⓒ
5 ⓒ　　6 ⓑ

B　1 sandwich　　2 relationship
3 wild　　4 yogurt
5 measure　　6 purchase
7 share　　8 meeting

C　1 casual　　2 cheese
3 world　　4 decision
5 shopping　　6 singers
7 kitchen　　8 shoulders

1 가벼운 우정　　2 향이 강한 치즈
3 세계 경제　　4 의사 결정
5 장보기　　6 많은 젊은 가수들
7 초현대식 부엌　　8 어깨를 주무르다

D　1 pleasure
2 something
3 shows
4 usually / morning
5 woman standing
6 Listening / relationship
7 your / children
8 window / yesterday

2
PART

01 모음 a [ɑ:]

CHECK-UP
● p.69

A　1 ⓑ　　2 ⓑ　　3 ⓒ　　4 ⓑ

1 ⓐ at　　ⓑ art　　ⓒ ate
2 ⓐ lose　　ⓑ large　　ⓒ lodge
3 ⓐ make　　ⓑ March　　ⓒ market
4 ⓐ hurt　　ⓑ heart　　ⓒ hit

B　1 smart　　2 articulate
3 army　　4 pharmacy

02 모음 a [æ]

CHECK-UP
● p.71

A　1 ⓐ　　2 ⓑ　　3 ⓑ　　4 ⓐ

B　1 family　　2 thank
3 actually　　4 snack

03 모음 a [ei]

CHECK-UP
● p.73

A　1 ⓑ　　2 ⓐ　　3 ⓑ　　4 ⓑ

B　1 basis　　2 state
3 operation　　4 communication

04 모음 a [ɔ:]

CHECK-UP
● p.75

A　1 ⓑ　　2 ⓐ　　3 ⓑ　　4 ⓐ

B　1 daughter　　2 law

3 falling   **4** salt

05 모음 a [ə]

CHECK-UP   ▶ p.77

A   **1** ⓐ   **2** ⓑ   **3** ⓐ   **4** ⓑ

B   **1** about   **2** apart
    3 garage   **4** balloon

EXERCISE   ▶ p.80~81

A   **1** ⓒ   **2** ⓑ   **3** ⓒ   **4** ⓐ
    5 ⓒ   **6** ⓑ

B   **1** family   **2** debate
    3 articulate   **4** law
    5 actually   **6** again
    7 coverage   **8** pharmacy

C   **1** army   **2** sale
    3 damage   **4** stall
    5 market   **6** operation
    7 amazing   **8** Asia

    1 육군 장교   **2** 시즌 종료 세일
    3 상당한 피해   **4** 과일 판매대
    5 주식 시장, 증시   **6** 구조 활동
    7 놀라운 사실   **8** 동남아시아

D   **1** fancy car   **2** strawberries
    3 family values   **4** replaced
    5 thank   **6** machines
    7 large   **8** average

06 모음 e [e]

CHECK-UP   ▶ p.83

A   **1** ⓑ   **2** ⓒ   **3** ⓐ   **4** ⓑ

    1 ⓐ fast food   ⓑ festival   ⓒ Facebook
    2 ⓐ apple   ⓑ attire   ⓒ enter
    3 ⓐ estimate   ⓑ except   ⓒ accident
    4 ⓐ major   ⓑ medicine   ⓒ reason

B   **1** restrooms   **2** sensitive
    3 episode   **4** Festival

07 모음 e [i]

CHECK-UP   ▶ p.85

A   **1** ⓐ   **2** ⓐ   **3** ⓑ   **4** ⓐ

B   **1** believe   **2** detergent
    3 effective   **4** reject

08 모음 e [i:]

CHECK-UP   ▶ p.87

A   **1** ⓐ   **2** ⓑ   **3** ⓑ   **4** ⓐ

B   **1** legal   **2** theme
    3 key   **4** complete

09 음가 없는 모음 e

CHECK-UP   ▶ p.89

A   **1** ive   **2** ade   **3** ake   **4** ure

B   **1** ice   **2** decide
    3 navigate   **4** strike

EXERCISE   ▶ p.90~91

A   **1** ⓒ   **2** ⓒ   **3** ⓐ   **4** ⓒ
    5 ⓐ   **6** ⓑ

B   **1** seat   **2** essential
    3 theme   **4** female
    5 estimate   **6** complete
    7 festival   **8** strike

C   **1** sweet   **2** eggs
    3 medicine   **4** theme
    5 believe   **6** bed
    7 energy   **8** effective

1 좋은 꿈 2 풀어 익힌 달걀 요리
3 통증 의학 4 주제, 메인 테마
5 신을 믿다 6 침대를 정리하다
7 에너지 절약 8 아주 효과적인

D 1 white / green 2 seatbelt / please
3 season 4 echo / voice
5 extra 6 expensive
7 keep / refrigerator 8 enrolled

10 모음 i [ai]

CHECK-UP ▶ p.93

A 1 ⓑ 2 ⓑ 3 ⓒ 4 ⓒ

1 ⓐ client ⓑ media ⓒ ideal
2 ⓐ rice ⓑ large ⓒ life
3 ⓐ drive ⓑ right ⓒ visit
4 ⓐ nice ⓑ slice ⓒ video

B 1 client 2 identification
3 require 4 variety

11 모음 i [i]

CHECK-UP ▶ p.95

A 1 ⓑ 2 ⓑ 3 ⓑ 4 ⓐ

B 1 resist 2 ignore
3 submit 4 direct

EXERCISE ▶ p.98~99

A 1 ⓑ 2 ⓐ 3 ⓐ 4 ⓑ
5 ⓑ 6 ⓑ

B 1 license 2 submit
3 accident 4 satellite
5 direct 6 identification
7 tennis 8 imagine

C 1 bite 2 flip
3 dine 4 information
5 ideal 6 fingertips

7 price 8 influential

1 간단히 먹다 2 ~을 훑어보다
3 술과 음식을 대접하다 4 정보 과다
5 이상형 6 즉시 이용할 수 있는
7 최저 가격 8 영향력 있는 인물

D 1 index 2 white icing
3 slipped / while 4 submit
5 proactive 6 items / prices
7 direct flight 8 slice / pizza

12 모음 o [ɑ:]

CHECK-UP ▶ p.101

A 1 ⓐ 2 ⓑ 3 ⓒ 4 ⓑ

1 ⓐ hot ⓑ hit ⓒ hate
2 ⓐ cat ⓑ cop ⓒ cup
3 ⓐ oil ⓑ old ⓒ opera
4 ⓐ stuff ⓑ stop ⓒ step

B 1 clock 2 octopus
3 option 4 shocking

13 모음 o [ou]

CHECK-UP ▶ p.103

A 1 ⓒ 2 ⓑ 3 ⓐ 4 ⓒ

1 ⓐ open ⓑ okay ⓒ opera
2 ⓐ home ⓑ hop ⓒ rose
3 ⓐ done ⓑ donut ⓒ total
4 ⓐ joke ⓑ go ⓒ get

B 1 tomato 2 joke
3 ocean 4 total

14 모음 o [ɔ:]

CHECK-UP ▶ p.105

A 1 ⓑ 2 ⓑ 3 ⓐ 4 ⓐ

B **1** strong   **2** office
    3 orange   **4** long

15 모음 o [u:]

CHECK-UP ▶ p.107

A **1** ⓒ   **2** ⓒ   **3** ⓑ   **4** ⓐ

   1 ⓐ do   ⓑ prove   ⓒ cold
   2 ⓐ cool   ⓑ food   ⓒ hope
   3 ⓐ movie   ⓑ mop   ⓒ lose
   4 ⓐ floor   ⓑ move   ⓒ noodle

B **1** lose   **2** google
    3 prove   **4** noodles

EXERCISE ▶ p.110~111

A **1** ⓒ   **2** ⓒ   **3** ⓐ   **4** ⓑ
   5 ⓐ   **6** ⓑ

B **1** option   **2** office
    3 prove   **4** ocean
    5 enough   **6** choose
    7 long   **8** shocking

C **1** rock   **2** total
    3 phone   **4** lost
    5 movie   **6** office
    7 fought   **8** clock

   1 로큰롤   **2** 정반대
   3 휴대폰 충전기   **4** 분실물 보관소
   5 영화광   **6** 영업 시간
   7 격렬한 전투   **8** 24시간 내내

D **1** cold   **2** shock
    3 orange / opening   **4** couches / house
    5 common food   **6** move forward
    7 toppings / chopped   **8** morning / sold

16 모음 u [ʌ]

CHECK-UP ▶ p.113

A **1** ⓑ   **2** ⓒ   **3** ⓐ   **4** ⓒ

   1 ⓐ kit   ⓑ cut   ⓒ caught
   2 ⓐ boss   ⓑ beast   ⓒ dust
   3 ⓐ funny   ⓑ fancy   ⓒ fifty
   4 ⓐ opera   ⓑ office   ⓒ ultra

B **1** punish   **2** stubborn
    3 unlimited   **4** multiple

17 모음 u [ju:]

CHECK-UP ▶ p.115

A **1** ⓐ   **2** ⓑ   **3** ⓑ   **4** ⓐ

   1 ⓐ cute   ⓑ cut   ⓒ cop
   2 ⓐ flute   ⓑ fuel   ⓒ fool
   3 ⓐ adult   ⓑ abuse   ⓒ above
   4 ⓐ mucus   ⓑ muscle   ⓒ much

B **1** abuse   **2** cubicle
    3 university   **4** fuel

18 모음 u [u:]

CHECK-UP ▶ p.117

A **1** ⓑ   **2** ⓐ   **3** ⓐ   **4** ⓑ

B **1** recruit   **2** tune
    3 clue   **4** true

EXERCISE ▶ p.118~119

A **1** ⓒ   **2** ⓐ   **3** ⓐ   **4** ⓒ
   5 ⓐ   **6** ⓑ

B **1** fuel   **2** true
    3 excuse   **4** recruit
    5 stubborn   **6** abuse
    7 junior   **8** multiple

C **1** culture   **2** suit
    3 cubicle   **4** cute
    5 unlimited   **6** university
    7 stubborn   **8** fuel

1 문화 충격   2 정장과 넥타이
3 사무실 공유   4 아주 귀여운
5 데이터 무제한 사용   6 명문 대학
7 고집불통인, 완고한
8 불난 집에 부채질하다

D   1 umbrella   2 truth
    3 rude / funny   4 recruit
    5 just / upsetting   6 bruise
    7 excuse / customer   8 huge underground

3
PART

1강 연음

01 끝소리 자음과 첫소리 모음이 만날 때

CHECK-UP   ▶ p.124

A   1 think I'll / take a   2 Both of us
    3 fill out   4 lots of

B   1 a box of   2 half an hour
    3 just a second   4 Come on in

C   1 pick up   2 Just a moment

02 [t]가 모음을 만나 [ㄹ] 소리로

CHECK-UP   ▶ p.127

A   1 ⓑ   2 ⓑ   3 ⓒ, ⓓ

B   1 out of   2 a lot of
    3 get in / get out   4 Put on

C   1 figure it out   2 put away

03 같은 자음이 나란히 이어질 때

CHECK-UP   ▶ p.130

A   1 ⓑ, ⓓ   2 ⓑ   3 ⓑ

B   1 should do   2 hot topic
    3 big guy   4 enough food

C   1 What time   2 right turn

EXERCISE   ▶ p.132~135

A   1 up   2 watch
    3 it on   4 take care
    5 hold   6 out of
    7 figure it   8 on
    9 over / over   10 after

    1 청소하다   2 주의하다
    3 전원을 켜다   4 ~을 돌보다
    5 기다리다   6 관여하지 않다
    7 이해하다, 알아내다   8 넘어가다, 이동하다
    9 반복해서   10 인기 있는

B   1 get along
    2 Hold up / sign up
    3 None of us / move on
    4 red dress / next to
    5 upset about / her out

C   1 last Tuesday / told us / went to
    2 is a / consume it / kind of
    3 let time / get answers
    4 heat up / in it / for a minute

D   1 out of
    2 clean up / pick up after / pick it up
    3 She's on / leave a
    4 wasn't too / not at all / not easy
    5 enough food / last till / run out of
    6 big girl / take care of

2강 탈락

01 겹쳐 나올 때 탈락되는 받침소리

CHECK-UP   ⏵ p.140

A   **1** ⓑ   **2** ⓐ   **3** ⓑ   **4** ⓒ

   1 물러나다   2 재미있게 보내다
   3 세금을 포함하다   4 점프볼

B   **1** help but   **2** blood type
     3 Have fun   **4** need to

C   **1** step back   **2** good time

02 -nd, -nt, -nk로 끝나는 단어가 자음을 만날 때

CHECK-UP   ⏵ p.143

A   **1** ⓑ   **2** ⓒ   **3** ⓐ   **4** ⓒ

   1 주말 계획   2 음주 운전
   3 현재 직업   4 중요한 것

B   **1** pink dress
     2 refund policy
     3 unemployment rate
     4 intelligent person

C   **1** background check
     2 beyond comprehension

03 -st로 끝나는 단어가 자음을 만날 때

CHECK-UP   ⏵ p.146

A   **1** ⓑ   **2** ⓐ   **3** ⓒ   **4** ⓑ

   1 내 첫 데이트   2 쇠고기 구이
   3 최선의 방법   4 마지막 기회

B   **1** best friend   **2** must do
     3 first prize   **4** resist pressure

C   **1** First come   **2** assist customers

04 묵음도 아닌데 사라지는 첫소리 [h]

CHECK-UP   ⏵ p.149

A   **1** ⓑ, ⓒ   **2** ⓑ, ⓒ   **3** ⓐ, ⓑ, ⓒ

B   **1** see him   **2** White House
     3 would have   **4** did he

C   **1** give her   **2** should have

EXERCISE   ⏵ p.150~153

A   **1** hold   **2** behind
     3 best   **4** have
     5 bank   **6** resist
     7 first   **8** refund
     9 White   **10** important

   1 꽉 붙잡다
   2 예정보다 늦게
   3 최선의 방법
   4 확인할 수 있었을 텐데
   5 입출금 내역서
   6 압력에 맞서다
   7 최우수상
   8 환불 정책
   9 백악관
   10 중요한 일

B   **1** must do
     2 think her
     3 step back
     4 should have / could have
     5 background check / government job

C   **1** on her / supposed to
     2 stopped to / want that / important to
     3 gave him / without him / finished dinner
     4 first time / must have / assistant manager
       / expected him

D   **1** good time / just didn't
     2 need to / drink more
     3 just don't use
     4 what his plans
     5 fraudulent websites / assist customers /
       just started
     6 management office / apartment building
       / should have done

3강 동화

01 앞선 자음 [d]/[t]를 변화시키는 [j]

CHECK-UP

● p.158

A 1 ⓒ 2 ⓒ 3 ⓐ

B 1 put your 2 twist your
3 send you 4 lend you

C 1 boost your 2 need your

02 앞선 자음 [s]/[z]를 변화시키는 [j]

CHECK-UP

● p.161

A 1 ⓒ 2 ⓐ 3 ⓑ

B 1 raise your 2 miss your
3 lose your 4 promise you

C 1 raise your 2 bless you

03 뒤의 모음을 변화시키는 끝소리 [u]

CHECK-UP

● p.164

A 1 ⓐ 2 ⓑ 3 ⓑ

B 1 go away 2 do it / do it
3 throw it 4 How about

C 1 too expensive 2 How are

04 언어 습관 속에서 변화된 [t]

CHECK-UP

● p.167

A 1 ⓒ 2 ⓑ 3 ⓒ

B 1 want to 2 got to
3 not going to 4 didn't want to

C 1 don't want to 2 got to

EXERCISE

● p.168~171

A 1 quit your 2 how about
3 feed your 4 don't want to
5 miss you 6 because you
7 about your 8 got to
9 tow away 10 lose your job

1 회사를 그만두다 2 ~은 어때요?
3 개에게 먹이를 주다 4 하고 싶지 않다
5 그리워하다 6 네가 늦어서
7 너의 여행에 대해 8 가야 한다
9 견인하다 10 실직하다

B 1 this year
2 Don't you know
3 don't want to
4 going to cost you
5 send you / let you

C 1 last year / this year
2 how others / know exactly / do it
3 told you / going to / so amazed
4 don't want to / go under

D 1 going to work / going to sell
2 cast your / what you
3 got to go / would you / go along
4 boost your / keep you
5 cost you / want to
6 concerns you / find your / know about /
need your

4강 복자음

01 dr-/tr-의 [d]/[t]는 [쥬]/[츄]로

CHECK-UP

● p.176

A 1 ⓑ 2 ⓒ 3 ⓑ 4 ⓐ
5 ⓒ 6 ⓑ

1 ⓐ dream   ⓑ treat   ⓒ cream
2 ⓐ press   ⓑ trees   ⓒ dress
3 ⓐ try   ⓑ drive   ⓒ bride
4 ⓐ true   ⓑ blue   ⓒ through
5 ⓐ drag   ⓑ table   ⓒ travel
6 ⓐ transmit   ⓑ dramatic   ⓒ automatic

B   1 trust   2 dress
     3 trip   4 driving

C   1 dream   2 travel

02 s 뒤의 k/p/t는 된소리로

CHECK-UP   ▸ p.179

A   1 ⓒ   2 ⓒ   3 ⓐ   4 ⓒ
     5 ⓑ   6 ⓒ

1 ⓐ skin   ⓑ score   ⓒ scale
2 ⓐ steep   ⓑ stop   ⓒ step
3 ⓐ skill   ⓑ skull   ⓒ skip
4 ⓐ speak   ⓑ steak   ⓒ space
5 ⓐ spy   ⓑ sky   ⓒ stick
6 ⓐ sport   ⓑ school   ⓒ style

B   1 skinny   2 School
     3 five-star   4 spend

C   1 stinky
     2 skyscrapers / skyscrapers

03 s가 몰고 나오는 3개짜리 복자음

CHECK-UP   ▸ p.182

A   1 ⓑ   2 ⓒ   3 ⓒ   4 ⓐ
     5 ⓑ   6 ⓑ

1 ⓐ stretch   ⓑ stress   ⓒ street
2 ⓐ spring   ⓑ spray   ⓒ sprinkle
3 ⓐ script   ⓑ scam   ⓒ screen
4 ⓐ streetlight   ⓑ streamline   ⓒ steep rise
5 ⓐ scrambled   ⓑ straighten   ⓒ strict
6 ⓐ stead   ⓑ spread   ⓒ strand

B   1 sprinkle / spray   2 straighten
     3 scrambled   4 spruce

C   1 screen   2 spread

04 [tn]은 소리 끊김이 있다

CHECK-UP   ▸ p.186

A   1 ⓐ   2 ⓑ   3 ⓐ   4 ⓒ
     5 ⓒ   6 ⓑ

1 ⓐ mountain   ⓑ mount   ⓒ fountain
2 ⓐ curtain   ⓑ cotton   ⓒ rotten
3 ⓐ certain   ⓑ carton   ⓒ settle
4 ⓐ sworn   ⓑ sowed   ⓒ sweetened
5 ⓐ pond   ⓑ contain   ⓒ fountain
6 ⓐ fried   ⓑ frightened   ⓒ frozen

B   1 button   2 written
     3 unsweetened   4 eaten

C   1 written   2 cotton / Cotton

05 -ts/-ths는 [ㅉ]로

CHECK-UP   ▸ p.189

A   1 ⓑ   2 ⓑ   3 ⓐ   4 ⓑ
     5 ⓐ   6 ⓑ

1 7개월   2 최선의 이익
3 다른 길   4 생활비
5 많은 학생   6 6분의 5

B   1 months   2 fifths
     3 interests   4 students

C   1 costs   2 mouths

06 -ks/-sks는 [윽ㅆ]/[슥ㅆ]로

CHECK-UP   ▸ p.192

A   1 ⓑ   2 ⓐ   3 ⓑ   4 ⓑ
     5 ⓒ   6 ⓐ

1 ⓐ words ⓑ works ⓒ wars
2 ⓐ parks ⓑ peaks ⓒ piles
3 ⓐ stress ⓑ stinks ⓒ stops
4 ⓐ dreams ⓑ drinks ⓒ dresses
5 ⓐ makes ⓑ messes ⓒ masks
6 ⓐ likes ⓑ limes ⓒ lives

B 1 parks   2 stinks
   3 tasks   4 likes

C 1 takes   2 tasks / tasks

07 -dly/-tly는 [을리]로

CHECK-UP
▶ p.195

A 1 ⓑ   2 ⓐ   3 ⓑ   4 ⓑ
   5 ⓐ   6 ⓑ

1 예의 없이 행동하다   2 홀연히 나타나다
3 최근 깜박깜박하는   4 분명 재능이 있는
5 자주 묻는 질문   6 천천히 호흡하다

B 1 undoubtedly   2 frequently
   3 Sadly   4 reluctantly

C 1 lately   2 gently

EXERCISE
▶ p.196~199

A 1 gifts   2 scratch
   3 wrinkle   4 gently
   5 transaction   6 unsweetened
   7 sadly   8 drums
   9 tasks   10 style

1 크리스마스 선물   2 얼굴의 상처
3 구김이 안 가는 천   4 점잖게 말하다
5 거래 처리   6 무가당 차
7 유감스럽게도   8 드럼 연주
9 작문 과제   10 생활 방식

B 1 couple of months
   2 greatly
   3 badly written
   4 scrubber
   5 trimming the trees

C 1 recently / foreign country / months
   2 paths / school / climb
   3 skinny / certain / risks
   4 driving / skies / mountains

D 1 skipped / spaghetti
   2 works
   3 months / scale / straight
   4 Stress / certain
   5 unexpectedly / months / school debt
   6 complaints / lately / costs / costs

5강 축약

01 조동사/be동사의 축약

CHECK-UP
▶ p.204

1 I'd   2 he'll
3 there's   4 you're
5 They've   6 who's

02 부정어 not의 축약

CHECK-UP
▶ p.207

1 haven't   2 can
3 weren't   4 would
5 couldn't   6 doesn't
7 shouldn't   8 can't

EXERCISE
▶ p.208~209

A 1 I'm   2 couldn't
   3 They'll   4 he's / hasn't
   5 I'd   6 What's / You're
   7 shouldn't   8 you've / we're
   9 won't   10 didn't

B 1 They're   2 didn't / She's
   3 couldn't / can't   4 that's / You'll / I'll

6강 강세와 리듬

EXERCISE ▶ p.220~221

A **1** condúct
2 recórded
3 díscount
4 dóorknob
5 vólume / héadset
6 fírefighter
7 shówroom / sálespeople
8 permítted
9 úsually
10 Récently / apártment

B **1** We <u>always</u> <u>buy</u> <u>fruits</u> and <u>vegetables</u> from an <u>organic</u> <u>food</u> <u>store</u>.
2 He <u>asked</u> <u>Bill</u> to <u>drop</u> his <u>son</u> <u>off</u> at the <u>airport</u>.
3 We will <u>conduct</u> a <u>survey</u> after <u>all</u> the <u>training</u> <u>sessions</u> are <u>done</u>.
4 The <u>roadwork</u> has been <u>causing</u> <u>traffic</u> <u>jams</u> in the <u>surrounding</u> <u>areas</u> for <u>months</u> now.
5 She <u>changed</u> her <u>hair</u> <u>color</u>, so I <u>hardly</u> <u>recognized</u> her.
6 I was <u>invited</u> to a <u>housewarming</u> <u>party</u> by my <u>colleague</u>.
7 He <u>said</u> he's going to <u>meet</u> <u>Sandy</u> at <u>four</u> <u>today</u>.
8 We <u>stopped</u> at <u>every</u> <u>signal</u> on our <u>way</u> here.
9 You <u>must</u> have <u>mixed</u> <u>me</u> <u>up</u> with <u>someone</u> else.
10 You <u>can't</u> <u>get</u> it at a <u>convenience</u> <u>store</u>. You should <u>try</u> a <u>department</u> <u>store</u>.